1964年3月，陈毅与张茜在昆明

兄妹四人合影

读书是陈毅的嗜好。图为1964年4月在四川乐山视察时摄于船上

1971年5月2日陈毅与张茜在家里合影

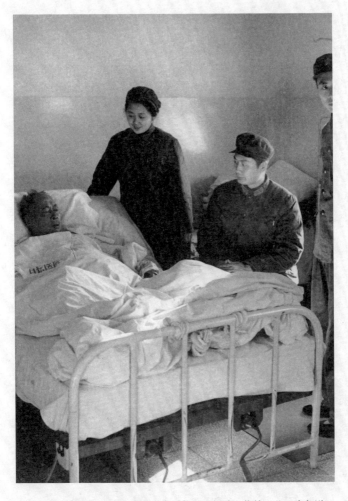

1971年12月26日，陈毅在病床上对将要回部队工作的三儿子小鲁说："回到部队要好好工作，不要挂念我，我还会站起来的，我还要下地走路，我还能做些工作。"这是他生前的最后一幅照片

1972年珊珊出国前全家合影，左起：陈珊珊、秦昭、张茜、鲍燕燕、
陈昊苏、陈小鲁、陈丹淮

张茜重游陈毅年轻时读中法大学的旧址

张茜一家搬到北京西山程家花园，最终完成《陈毅诗词选集》的整理与编辑工作

左起：张茜、陈昊苏、陈丹淮

父亲逝世后最后一次全家合影

左起：陈昊苏、鲍燕燕、陈小鲁、秦昭、陈丹淮、张茜、陈珊珊

摄于北京凤凰岭

前排左起：鲍燕燕、陈丹淮、陈厚全、陈昊苏、秦昭

后排左起：陈星弘、陈正国、陈小鲁、粟惠宁、李斐妍、王光亚、陈珊珊、
　　　　　梁艳君、王新岳、陈兴华

陈昊苏一家：摄于英国伦敦

前排左起：秦昭、陈英齐、曾顺莉、陈英瑞、陈兴华

后排：陈昊苏

陈丹淮一家：摄于北京展览馆

左起：陈星弘、陈丹淮、鲍燕燕

陈小鲁一家：摄于海南三亚

左起：陈厚全、陈昱含、李斐妍、陈小鲁、粟惠宁、陈正国

陈珊珊一家：摄于北京展览馆

前排左起：王青宇、王光亚、王清扬、陈珊珊、梁艳君

后排：王新岳

陈毅家书选

陈昊苏　陈丹淮　陈小鲁　陈珊珊　编著

SPM 南方传媒　广东人民出版社
·广州·

图书在版编目（CIP）数据

陈毅家书选 / 陈昊苏等编著. -- 广州 : 广东人民
出版社，2024.8. -- ISBN 978-7-218-17818-9

Ⅰ. K825.2

中国国家版本馆CIP数据核字第2024GN5929号

Chen Yi Jiashu Xuan
陈毅家书选

陈昊苏　陈丹淮　陈小鲁　陈珊珊　编著

出　版　人：肖风华

策划编辑：陈志强　严耀峰
责任编辑：钱飞遥　冯光艳
责任技编：吴彦斌
内文设计：今亮后声

出版发行　广东人民出版社
网　　址：http://www.gdpph.com
地　　址：广州市越秀区大沙头四马路10号（邮政编码：510199）
电　　话：（020）85716809（总编室）
传　　真：（020）83289585
天猫网店：广东人民出版社旗舰店
网　　址：https://gdrmcbs.tmall.com
印　　刷：广东鹏腾宇文化创新有限公司
开　　本：889毫米×1240毫米　1/32
印　　张：6.75　　字　　数：103千
版　　次：2024年8月第1版
印　　次：2024年8月第1次印刷
定　　价：88.00元

如发现印装质量问题，影响阅读，请与出版社（020-87712513）联系调换。
售书热线：020-87717307

序言 1

陈昊苏

陈毅元帅长子

2024年3月20日于北京

为纪念父亲陈毅元帅,我们兄妹四人昊苏、丹淮、小鲁、珊珊与成都工业学院合作,编成这本《陈毅家书选》,献给众多热爱陈毅元帅的读者朋友们。

陈毅元帅是新中国的开国元勋之一,他逝世距今已有半个世纪之久,但他仍然在我们的社会生活中保持着积极影响。用一句通俗和形象的话来说,他是活在他自己生前写下的精彩故事里,吸引着后来人们的兴趣与关注。我们翻阅党史、军史、国史,查看各种形式的历史资料,阅读他的同时代的战友同志写下的回忆文章,与他留在世间的儿女后人交流共话,都可以接触到关于陈毅元帅的流传甚广的动人故事。

摆在读者朋友们面前的这本《陈毅家书选》,收入陈毅元帅写给夫人张茜以及其他亲友、儿女的书信等五十四封,还有他晚年患病之后由夫人张茜写给其儿女、妹妹妹夫的十二封信,总计有家书六十六封。在陈毅一生写下的各种书信的总数之中,这六十六封只是数量很小的一部分。但有一句话说得好,一滴水也可以透视太阳的光辉,我们完全可以通过这些为数不多的书信透视陈毅元帅跌宕壮阔的人生经历及其重大深远的意义,读到他留给我们的精彩故事。

下面是我随手从这本家书选编中找到的几个故

事，在这里写出与读者朋友们分享。

第一，1937年12月29日陈毅在南昌给在四川的大嫂李白文写信，那时三年游击战争刚告结束，陈毅出山忙于把红军游击队整编为新四军，准备开赴华中敌后投入伟大的抗日战争。他与四川的亲人睽别十年，首次通信，用充满血与泪的心声，回顾整个游击战争的经历作出精彩的总结："弟遭家不造，不能自已，慨然离家谋国，而国势亦陷垂危之景，艰难困厄，日夜围攻，毒手尊拳，谁能多让，浴血人生，直至于此，敢谓今人所难至，古人传奇史之所无也。"陈毅曾说三年游击战争是他战争生涯中最为危险最为艰难的阶段。这一段文字与他的著名诗作《梅岭三章》一样，都是他亲笔写下的关于三年游击战争的光荣记录。

第二，家书选编中有大量写给夫人张茜的信。1948年3月写给一年前随华野家属从胶东转移至大连的家人的信，提及"胶东去岁（1947年）吃紧情形并打听到您渡海前的情况，更是一面惊惧一面庆幸。惊惧的是那时节真危险，苦了您和孩儿们；喜的是终于安全无恙，证明敌人把咱们无可奈何！"这封信还记述了他在不到一年时间的行踪："九月渡黄河，十月到豫皖苏，十一月回渤海，十二月到太行阜平……"这些都是我军转向战略进攻的历史记录，展现出英雄将领的胆略与温情。

第三，1949年1月7日写给陈修和大哥的信。提到修和大哥担任国民党军沈阳兵工厂厂长时毅然站在人民立场上迎接解放军的往事，说我党领导同志"对你保护机器爱惜工业的热忱至为钦佩，认为这是对国家人民的极大贡献"。特别指出"向真理和人民低头，固我弟兄多年来之立身行道之风度也"。陈毅几兄弟早年走向社会，曾经选择了不同的政治道路，但他们彼此之间棠棣情深，真正是如同手足。在新中国成立时，他们共同选择在中国共产党领导之下建设伟大祖国的事业，兄弟亲情就更加醇厚。陈毅作为党的领导人，在家庭生活中也发挥着正面的影响，就如他在早年信中所说"亲亲骨肉之系念，尝与日俱永"。

第四，陈毅元帅晚年身体不好，不再亲笔给亲人写信，统由夫人张茜代笔，这就有了写给儿女和陈毅妹妹陈重坤夫妇的十二封信。那时在"文化大革命"的内乱之中，陈毅、张茜都受到政治上的迫害，处于困境。但他们仍然对党和人民的事业充满信心，不以物喜，不以己悲。张茜以亲切的笔触写出这些娓娓道来的长信："你二哥说，他身上真是百孔千疮，此话不假。幸好他的精神并不沮丧，知足常乐。"这些正是陈毅元帅晚年病中的乐观生活的写照，他把自己毕生奋斗坚持到最后的生命岁月之中。

第五，家书选编中收录了陈毅元帅写给自己子女的一些信。1963年8月7日写给我的信："我作为父亲，总是希望你们四个，能成为有学问有品德的人，这一点心事，老放不下去，只惭愧我对你们教育太少，还是妈妈帮助你们大些。好好听妈妈的话罢。"这些语重心长的教诲，在当时我们兄妹读到，心灵都受到极大震撼。我们兄妹生活的道路上也经历了不少磨难，每当想到父母的殷切期待，就振奋起来，努力向前。1972年1月父亲陈毅不幸病逝，两年以后母亲张茜也同样患绝症病故。我们兄妹没有在生活与事业中陷于无助，得到父母双亲的老战友老姐妹的关照，我们仍然满怀热情地继志前行。是两位老人的在天之灵，时时保佑着我们。

这本《陈毅家书选》从2016年开始筹划编辑。我们兄妹四人——昊苏、丹淮、小鲁和珊珊都参加了讨论。不幸的是2018年2月28日，三弟小鲁突发心脏病去世。现在，这本家书选编也到了交付刊行的时候，然而只有我们三兄妹昊苏、丹淮、珊珊还能在一起讨论出版事务了。说起来令人悲痛。不过我们都可以替小鲁表白心迹，我们自己也可以无愧地说，我们没有辜负父母双亲生前的教诲，我们还是在党的领导下，续写父亲写下的精彩故事，我们也在不懈努力学习和工作，继续做好一个对国家人民的事业有贡献、对伟大民族复兴有担当的战士。

最后敬题小诗二首，向读者朋友们致意！

家书复读想慈亲，
万里征程革命人。
伟业担当生死恋，
基因不老是青春。

松兰高洁仰云天，
凌雪傲霜耐岁寒。
三月风来春意暖，
少年有志看薪传。

序言 2

李劲松

成都工业学院原党委书记，教授

2024年3月20日于成都

陈毅元帅是一位备受国人尊敬与爱戴的老一辈无产阶级革命家。他的一生功勋卓著、戎马倥偬，有九死一生的慷慨，也有叱咤风云的豪迈，同时又书生意气、宽厚温情、光明磊落、清廉如水。作为无产阶级革命家和新中国的开国元勋，他对后人的影响是深远的。无论是阅读他的诗歌、聆听他的故事，还是追寻他的足迹，都能够让我们在回望那段红色征程和峥嵘岁月时受到深深震撼。他犹如一座丰碑，让人高山仰止，叹服其傲雪的青松品质和高洁的革命本性。他又如同一段记忆，铭刻着革命先驱抛却自我、投身革命的不息奋斗精神和心怀家国、忧思人民的拳拳赤诚之心。从他的身上，我们既能够感受到中华优秀传统文化浸润洗礼的印迹，也可以看到一名坚定的共产主义者对马克思主义信念的执着与追求。

陈毅早年是一位敏思好学、热血爱国的青年。1916年在中国各种思潮风云际会的背景下，受"实业救国"思想的感召，陈毅考入了我校前身四川省立第一甲种工业学校染织科就读，也开始了与学校的情缘。在甲工校的两年时光，他不仅学习新鲜的自然科学知识，也热衷于中国文学，探求真理、关心时政。在《陈毅早年的回忆与文稿》一书中，曾深情地回顾了这一时期的生活片段和求学经历。1963年，学校五十周年校庆，时任国务院副总理的陈毅元帅又专程给母校发来贺电，嘱咐鼓励学校，"希望全校师生员工，今后在党的领导下，继续努力，为国家培养出又红又专的社会主义建设的人才"。此后经年，元帅后人亦一直对学校倾注关怀，多次来校访问并向学校捐赠了大量陈毅书籍、实物和图片。在学校陈毅铜像的塑立、陈毅纪念园的建立过程中，给予了大力支持与热心指导。通过长期的积淀，学校形成了一批极富特色的宝贵的红色文化教育资源，为学校的办学提供了有力支撑。目前，学校主校区中心广场上的陈毅雕像已成为学校一道亮丽的红色文化景观，而保留甲工校校址原貌、藏品丰富的陈毅纪念园也成为四川省爱国主义教育基地，吸引着社会各界人士到访参观。

作为陈毅元帅的母校，我们始终感到无比骄傲与自豪，也十分珍视陈毅红色文化资源的育人价值。

这次受邀参与《陈毅家书选》的整理和编辑，又使我们有幸先于读者接触到了陈毅元帅及其妻子张茜女士在1937年至1971年间的66封家书。这些薄纸短言、娓娓表述，又让我们看到了陈毅元帅面对"创业艰难百日多"的那份从容坚定和对家人朴素真挚的情感，体会到了平凡家庭生活中元帅的亲切与温暖，为我们全方位地了解这位老一辈革命家提供了宝贵的文字记录。

陈毅元帅已离开我们半个世纪，但他的音容笑貌仍在我们心中鲜活存在，他的高风亮节仍在祖国大地常绿常青。一本薄薄的《陈毅家书选》重达千钧，也将成为"陈毅精神"的又一佐证。祝贺此书顺利出版，感谢元帅后人的倾情付出，感谢所有参与者的大力支持！

陈毅家书

新民主主义革命时期

社会主义革命和建设时期

张茜家书

附录一

诗话亲情

（一）陈毅写给张茜及子女的诗

（二）张茜写给陈毅及子女的诗

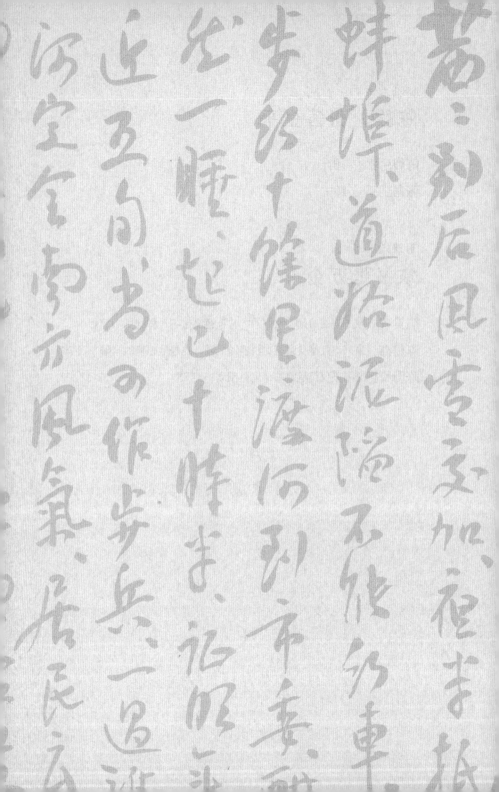

蓄……别後因雪天加、褲半根
蚌埠道路泥濘不能行車、
步行十餘里渡河到不委
坐一睡、起已十時矣、記照
近五句書、作步兵一道
河空全南方風氣、居民

陈毅家书

新民主主义革命时期

01

致兄嫂李白文

白文①**嫂尊鉴：**

数奉手书，至感亲亲骨肉念兄念弟之厚情深谊，弟读后不禁悲喜惭痛一时俱来，迸发之情，有如江河倾泻。廿年烽火，满地干戈，弟出入其中，了无牵挂，惟于亲亲骨肉之系念，尝与日俱永。前以封锁层层，近以奔走山林城镇间，均不能详细作家书，每当动笔家书之际，便心绪堆积，无从措词，虽或伸纸着墨，不尽数行，又复扯毁，此情难言，有如此者！弟遭家不造，不能自已，慨然离家谋国，而国势亦陷垂危之景，艰难困厄，日夜围攻，毒手尊拳，谁能多让，浴血人生，直至于此，敢谓今人所难至，古人传奇史之所无也。弟尝终日冥想，己身经历，教训滋多，实验即实学，窃私心自庆幸也。惟弟少年失学，凭借不多，故进境不大，虽于重要关头，能就大者重要者处

---

① 白文：陈毅之兄陈孟熙的夫人李白文。

理之，但成功之事误于弟手者亦复不少。前途难多，切忌自足自满，弟每于此三致意焉。孟熙①谓嫂苦心经营，使家事略近温饱，弟闻之感愧，后顾之忧稍纾，前进之力更强，能不欣幸！孟熙率队抗战，以其才力谅无他虞，乞嫂放心。请调一层，人事环境均有困难。弟方率部上前线，团聚之日当在不远，弟当臂助孟熙成此光荣事业，规避卸责为吾侪所不应出。嫂之高明谅能鉴此。嫂孤处渝城饱睹东南播迁离散之情，曷归里围绕双亲左右，如何？如何？伏乞明裁。季让②近由粤来庚，已电其来南昌相见，届时弟当令其归报老亲以慰离思。孟熙廿一日到赣，弟恰于十九夜溯江南征。弟廿六日返省，孟熙复于廿三日东向。十年暌别，缘悭一面，何别之易而会之难也！战争烽火团聚弟兄于一途，当不会长使人千里也。弟尔后仍在江西任职，不外军师长之类。弟左耳重听，右腿伤残不良远行，左脚亦伤，胃病、痔疾、贫血诸症交相困我，尚力图疗养期，决定者视时局如何

---

① 孟熙：即陈孟熙，陈毅的哥哥。时任四川补充兵第八团团长，率部经江西赴安徽抗日前线。

② 季让：即陈季让，陈毅的弟弟。

耳。嫂有赐示交吉安书街惠黎医院转。冬寒凌厉，伏乞珍重。闻季妇黄妹①住在嫂处，均此致意，均乞善视侄儿辈。匆匆不尽所言。

敬问家安！

二胞弟　仲弘②启

一九三七年十二月二十九日

---

① 黄妹：指陈季让的夫人黄淑秋。

② 仲弘：仲弘是陈毅的字，有时也只用"仲"字。《左传》中的"孟仲叔季"指兄弟姊妹的长幼顺序，由此可见陈毅在兄弟中排行第二。

致父亲

父亲①大人膝下：

阴正廿七日县中严谕领悉。孟熙、季让前后信均收，只修和②年余未得只字，怀念之至。儿一切如恒，开春以来体质转健。目前江南战局更大进展，儿部③日益壮大，军民关系尤为良好，生平快慰之事无过此者。三五年头敌定片甲不回也。儿已再四请假返里省亲，均以代理无人而遭婉拒，但已允于本年内设法。西望故里，不尽孺慕赡佑为叹惋耳！现寄呈近照两张，神情逼真，以远慰亲怀于万一。

顺叩春安金福！

二儿　俊④禀

一九三九年七月七日抗日纪念节

---

① 父亲：陈毅父亲陈昌礼（陈家余）。
② 修和：即陈修和，陈毅的堂兄。
③ 儿部：指新四军第一支队。
④ 俊：陈毅幼年时起名陈世俊，信中自称"世俊"或"俊"。

致张茜

茜，亲爱的同志和亲爱的妻子：

不料鲁中匆匆分别，又远隔山海将满一年，证明那次转去胶东是失着的。特别九月后胶东战局紧张之际，我十分挂念留胶东所有人员和您及三个儿子。直到你们安渡渤海抵大连后才松了一口气，放下重担子。去年十一月我到渤海曾发一电报告行踪，你复电转至陕北毛主席处，我见到知您及三个儿子均好，十分安慰。此次到阜平开会遇饶政委①，谈及胶东去岁吃紧情形并打听到您渡海前的情况，更是一面惊惧一面庆幸。惊惧的是那时节真危险，苦了您和孩儿们；喜的是终于安全无恙，证明敌人把咱们无可奈何！记着此后不应分离了，迅速图团聚才是！

别来将近一年，七月诸战不利，八月反攻，九月渡黄

---

① 饶政委：系饶漱石（1903—1975），时任中共中央华东局书记、华东军区政治委员。后因参加反党阴谋活动被开除党籍。

河，十月到豫皖苏，十一月回渤海，十二月到太行阜平，一月过雁门关，二月初到陕北，三月初回阜平朱刘处开会，现拟月底南下归队。这其间马不停蹄，人很疲困，跑路多，见识亦广，我军的胜利亦大，革命局面又大大不同于以前。现在可以肯定说我们迅速可以看见全国革命的胜利了，可喜可喜！

我身体如前，无他变化，一切请放心。您身体谅好，孩儿们谅亦好，我是最关心您及孩子们的。

现在此间派人到大连接洽电影材料，乘便寄此简信以慰远望。您不要回信，得此信即设法回山东转前方团聚。在渡海安全条件下应不迟疑，迅速成行，以快为好，至盼至盼。许多杂事见面畅谈，不在此多写了。

布礼！仲弘吻您并在三个孩子面前提名问他们好。

您回时孩儿们可不带，托朱①、戴②、宋③及其他同志照料。此事请您全权处理。您应速回，应于七月雨季前赶

---

① 朱：系朱毅，时任中共中央华东局财委驻大连工作委员会书记兼大连建新公司经理。
② 戴：系戴济民，时任华东野战军卫生部副部长、大连干部疗养院院长。
③ 宋：系宋裕和，时任华东野战军后勤部部长、华东军区后勤部司令员、华东北撤干部管理委员会主任。

1943年1月10日，新四军军部转移至江苏盱眙黄花塘，陈毅、张茜合影

到渤海（途间安全第一）。至要至要。

朱毅、裕和、济民、楚青①及其他同志前代问好。

一九四八年三月

———————
① 楚青：系粟裕的夫人。

致张茜

茜：

我定今夜偕邓子恢同志去中原，邓夫人及其孩子留邯郸后办，待机去前方，估你西归亦会先到后办，特留周爱方同志招呼你并要他保护冬衣书籍。我特留所有照片及美文斯选供你浏览，另几个日记簿和练习簿供你习外语之用。我是时刻想念你的，你可以在书籍里去取得。你及小孩的相片和书信均带前方以便经常阅看。

布礼。

仲弘吻

一九四八年五月二十九日

---

① 邓子恢：时任中原局第三书记兼中原军区副政委。

致张茜

茜：

　　张副政委随带来之十九日信，昨日收到。别来又超过一月了。徐州会战会很快结束，我不日可以回来，并且很快会联同回华东去。因此望你安心在部学习。多注意运动，把一切幻觉去掉，一切应采取革命的现实主义观点。中国革命全胜在即，此后即可长期团聚了。我在此甚好。因交通站近日才建立，所以先复信略告近况，勿念勿念，至要至要。

　　吻你！

仲弘启

一九四八年十一月二十六日

致张茜

茜:

我现奉命随刘司令员①去中央。一月内南回，不久刘邓②等夫人各同志要来前方，请您即随他们把我们全部行李带来。即可团聚。勿念。

致敬礼!

仲弘启

一九四八年十二月十八日

---

① 刘司令员：系刘伯承，时任中原军区、中原野战军、第二野战军司令员。

② 邓：系邓小平，时任中共中央中原局第一书记、中原军区及中原野战军政治委员。

致陈修和

修和大哥如见：

高岗^①同志来华北开会，得便谈及你在沈情况，此间同人对你保护机器爱惜工业的热忱至为钦佩，认为这是对国家人民的极大贡献。弟兄别来垂二十年，今得团聚机会十分快慰。两年内战争结束，可图长聚机会或举家东迁。前得兄电嫂侄在平。望北平收复后仍归沈为好。家中长幼近四年已无音问，系念实深，不知存没如何？但望大伯、大娘、四叔、幺叔及弟父母无恙，倘能与我们欢聚数年，乐何如之！你一生以工业建设为职业，前三十年饱受颠沛流离之苦，近顷廿年来对抗日战争一段贡献为大，目前与人民事业结合必能长展骥足。我辈均属穷小子出身，能亲见新中国建设和人民翻身，应大为快慰，故弟愿兄努力业务，得便研究政治作发展工业方向之南针。在沈阳中共同

---

① 高岗（1905—1954）：时任中共中央东北局书记、东北人民解放军及东北军区第一副司令员。后因参加反党阴谋活动被开除党籍。

1961年8月，陈孟熙、陈修和、陈毅（从左至右）在北京中南海陈毅家中

人甚见重我兄才能和品格，中央同人亦复如此。向真理和人民低头，固我弟兄多年来之立身行道之风度也，兄以为如何？弟身体甚好，今年四八正向四九岁迈进。廿年来置身军旅，所获新知不少，而文人习气并未摆脱，故改变并不大。弟仍以能保持本来面目为慰。于一九四〇年结婚，妻张茜已生三个男孩。弟任务是向东南经营苏浙皖，春间摒挡后即南渡。在徐淮战役中黄维①、黄百韬②、邱③、李④、孙⑤诸兵团已覆没，此后大战也不多，两年内军事底定，即可顺利进入建设时期，吾弟兄亦可长聚也。望保重，并以坦率直爽的态度与人共事，在沈阳各同志均与弟熟悉，必能获得助益。匆匆未尽所言，破敌收京取沪后当图一晤。即祝春安！

弟仲弘顿

一九四九年一月七日

---

① 黄维：国民党将领。

② 黄百韬：国民党将领。

③ 邱：系邱清泉，国民党将领。

④ 李：系李弥，国民党将领。

⑤ 孙：系孙元良，国民党将领。

致张茜

茜：

　　我们已在徐州会合。今夜八点北开，同行车辆甚多，故令老常回来，你可于明后两日，天晴时去睢宁，安心于施手术后，静养十余日，俟我回来再定行止，或你先回，或我们车来接，或由我亲来睢宁接你，俟当时情况再定。一切一切，望安心静养，放心放心，宜以新的观点看问题为要为要。

弘

一九四九年二月二十四日

09

致张茜

张茜同志:

我到济南得宋裕和同志来信,云得我廿一日由贾汪发电,已通知康宁①带侉丹②等南返,预计二月底即启程,三月初可到青州。沿途有谭光廷③、李竹平④等同志照料,并云先派车到海口(烟台)去接,请放心等语。又云派干部专门照料,与谭李同行,谅无问题。

我得上述信后又写一封信给宋,写一封信给康宁,又把你们写给康宁的信一并托方毅同志亲自带到青州给宋。如康宁等已在途中,该信可能留青州,康到时可阅看,康不回则要其转去。

---

① 康宁:朱克靖的遗孀。朱系新四军秘书长、山东野战军联络部部长,1947年7月因叛徒出卖被捕,同年10月英勇就义。
② 侉:系陈昊苏,陈毅长子。丹:系陈丹淮,陈毅二子。
③ 谭光廷:时任淮南路西地委副书记。
④ 李竹平:时任淮南苏皖边区行政公署辖津浦路东、路西两专员公署副专员。

我们在泰安游了泰山，到济南住一夜见着邱一涵①，她才回来不到半月。她说侉丹等均健康好玩云云，请你放心。

我们今夜北去。三月十日后可回。务望你在院静养至我回来，我定派车来接你。我到济南过河即换汽车。我在济南市政府借了一部小吉普一样顺畅前行，勿虑。

此信托徐州路局赵局长转交，不知能否到你手，故不多谈。

布礼。

仲弘启

一九四九年二月二十六日

---

① 邱一涵：系袁国平夫人。袁国平系新四军政治部主任，1941年在皖南事变中牺牲。

10

致张茜

茜：

　　我已回到华野，即我们上月分别的住地，一别又是半个多月。不知你入院后情况，十分系念。现派常同志①驱车来接你，如能出院，望即日回来，至要至要。

　　我们十六号到济南，会见方毅②、崔义田③等同志，他们说李竹平同志率侉丹等于十四日已到威海市。他们十五日派专车去接，预计十七十八两日可到青州。我因部署南进并渴望见你，故于十七南下返部。我留信给宋裕和同志，托他照料。即令侉丹等暂住青州，将来随宋南下京沪团聚，现在等你回来面决一切。

　　华野定廿一日移蚌埠，我应随队前往，不知你能否

① 常同志：常志刚。

② 方毅：时任山东省人民政府副主席。

③ 崔义田：时任新四军兼山东军区卫生部部长，华东军区和华东野战军卫生部部长，第三野战军后勤部卫生部部长。

即日出院，最好能即日出院并随同南下渡江，不愿再分离了，如你不能出院，望即回信以便我赶来看你。粟①留济南养病，邓小平同志已回中野，饶曾暂留临城主训干部。中央决定我与谭先率华野南下到月底再会合。我初到此地要查问多方情况，故不能来接你。祈谅，如何？望即回来。

仲弘热吻你

一九四九年三月十八日

---

① 粟：系粟裕，时任第三野战军副司令员兼第二副政治委员。

致张茜

茜：

　　别后风雪交加，夜半抵蚌埠。道路泥陷不能行车，步行十余里渡河到市委，酣然一睡，起已十时半，证明年近五旬，尚可作步兵。一过淮河完全南方风气。居民云四十天内已下七次雨，路从来未干过，因念大军南进不无困难。曹孟德四越巢湖不成殆非偶然也。好在早有准备，我军挟各种优势，临事而惧，好谋而成，收京破敌必在春夏之间。汝独行踽踽，又孤处济南，深以为念。三个小儿，不知到青州后如何？最好不离母亲，多耐心教育，不要把孤傲的性格传给他们。希望便中详告近情，千嘱。

仲启

一九四九年三月二十三日

茜：别后风雪交加，夜半抵
蚌埠，道路泥陷不能行车，
步行十余里，渡河到市委酬
对一睡，起已十时半，证明半
近五旬者的作息共一遇派
河空全雨方风气，居民云
四十天内已下七次雨，略续

陈毅致张茜的信（手稿节选）

陈毅致张茜的信（手稿节选）

12

致张茜

倩儿：

三月廿三日及四月一日两信收到。康生[①]同志亦有电来说愿帮忙照料你等。宋裕和同志亦电告三个小孩均安抵青州。得你两信知你已布置妥当，更放心了。我现在由蚌埠移至合肥附近，一片黄金菜花，一片稻田，麦绿如油，南方景色十分可爱，多年久居北方不禁有新鲜感觉。

你既然任医学宣教工作，望努力。但盼望多多照护三个小孩，我不能兼顾，一切只有靠你了。南下后工作很忙，每每开会，写文件，谈话，几乎没有多的休息时间，如果亦有稍稍可空闲的功夫，就想你能来我身边为好，就以你不同我南下为欠为念。好在胜利很快，望于打下南京之后，火车搞通，即盼你能同三个小孩迅速南下会合，不

① 康生（1898—1975）：时任中共山东大鲁南区党委书记、中共中央山东分局书记、中共中央华东局副书记。1980年，中共中央鉴于康生犯下的严重罪行，决定开除其党籍，撤销其《悼词》，并公布其罪行。

能让多年来夫无妻伴，妻无夫陪，儿子离父母，父母离了他们的爱儿呀！望注意身体，你吃得太少，要养得胖胖的来见孩子的爸爸！余不多谈。乘刘彬①同志北来顺带此信。有便人来写信来。又及。

仲启

一九四九年四月五日

---

① 刘彬：1946年起先后任晋冀、北岳、察哈尔军区副参谋长兼后勤司令部司令员、参谋长兼后勤司令员等职。

致张茜

茜：

四月四日信收到。崔部长①面谈近情甚为欣慰。我盼渡江顺利，快则于五月，迟则于七月能够南下团聚，则十分好。我每日夜都是很想念你们的，好在从此可望永久团聚，不再有生离之苦了！望多调养身体，这是一切工作的先决条件。不多谈。另纸写信给二个孩儿，望转告。我身体甚好。勿念！

仲吻

一九四九年四月二十日于合肥

---

① 崔部长：系崔义田。

致陈昊苏和陈丹淮

小侉、小丹:

　　前信想你们已收到。妈妈又来信，我又写第二封信给你们。望好好读书，不久就可以团圆，我就可看见你们了！向小羊①问好。

你们的爸爸亲笔

一九四九年四月二十日

---

①　小羊：系陈小鲁，陈毅三子。

致张茜

茜：

　　我们今日准备去南京。白部长①回山东，特托带此信。你应准备待命南下团聚，并告三个孩子，一同南下，准备准备。

　　此致
敬礼

　　　　　　　　　　　　　　　　　　　　仲启
　　　　　　　　　　　　　　　一九四九年四月二十六日

---

① 白部长：系白备伍，时任华东军区卫生部副部长，山东军区卫生部部长。

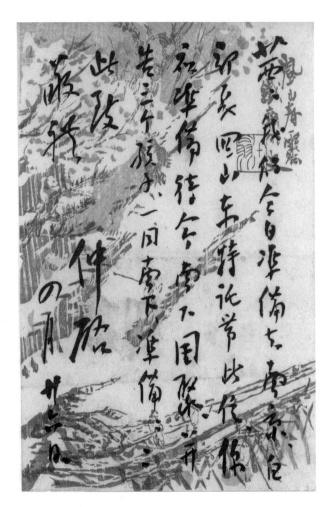

陈毅致张茜的信（手稿）

致张茜

张茜同志：

　　兹派刘友三同志来济南接你南下，希带三个小孩和书籍行李等一同南下，先到南京与中野卓琳①、汪荣华②诸同志合住，上海解放后，再东进团聚。

　　此致
敬礼

陈毅

一九四九年五月十五日

---

① 卓琳：系邓小平夫人。
② 汪荣华：系刘伯承夫人。

社会主义革命和建设时期

致张茜

茜:

　　我卅日动身，夜到南京。卅一日会报八一建军示威，倾盆大雨，但规模甚大，情绪亦高。八二开军区预备会，会报队情。三四日起连日会议。每日上午下午晚上三次会（间改为文娱活动）甚紧张。十二三才能结束。十四五日略事部署才能返沪。今夜停会看电影，我不看，利用此时间来写此信。你临盆逐日逼近，想等不及在我归来前即已生产。但祝你平安度过。我是很关心你母子的安全的。关于生产后是否动手术，请你考虑。我以为不动为好，如何望裁决。保姆正向此间交涉解决一个。但不一定合格。匆匆问好，父母前代问好，三个孩子代我转告好好度过暑期，又及。

仲弘

一九五零年八月四日

致张茜

张茜同志，吾爱：

新居周末可以进驻，你们可于本月十三日来宁（即下礼拜四^①），你是否来宁后即不返沪，或尚须返沪，请就俄校情形决定，但来宁小住几日是很好的。此间俄校亦正在整顿，以前无俄籍教授进度很慢。近来找了四个俄籍教授情况大大改变了。来时再谈。即致。

布礼。

仲弘

一九五零年十月五日

---

① 1950年10月13日实为礼拜五，此处为误写。

19

致张茜

茜：

周末信收到。想念得很，彼此相同，祝你学习进步。你要改变见面"嫌"，隔离"挂念"的老习惯。我则见面与隔离都是十分眷恋的，想一想，是不是这样的？

移家南京已成定局，无论去京与否均如此，回上海工作是不会的了。定期到上海开会则会是常事。新居正修理，下周完工，即通知你们来此，你来后再返沪或不返沪俟当时俄校情形决定。

到南京专作军区工作，一不管地方，二不会党外人士，因此清闲了许多。除每日到部办公外，每夜在家里休息。一切甚好。当就觉得很寂寞。只看了一次电影（公家招待的）和同刘伯承①夫妇游了一次山。余无他事可叙。开会多，来谈话的人亦多。牙齿痛了几次又影响左脑痛了

---

① 刘伯承：时任中国人民解放军军事学院院长兼政治委员。

一二天。想计划到看一些书，待到新居后再定。等我的信，下周再定行止。

敬祝学习进步愉快问孩儿们的好！陈重坤①均此问候，望你找她一谈，又及。

仲吻

一九五零年十一月二十九日

---

① 陈重坤：陈毅的妹妹。

20

致张茜

张茜同志：

返沪后来信已悉。我得信即去，拜访刘兄[①]，据谈五十名学生差不多只半年俄文程度，不能担任工作，决心长期打算培养他们专学一年俄文。他们之中程度也不一样可能还要分班级，总求在一年时间解决俄文学习问题。请来一个俄籍教授、一个中籍教授专教此五十个学生，在一年内做到能讲能译。另外顾问团派二个教员协助之，并尽可能以实习方式做俄翻中的习题，但一般不作口头翻译。主要学俄文兼顾军事，他们住在国防部的地方，不日即开课，保证一年后解决俄文翻译问题。

刘兄同意你去该班当学生，认为一年内可以解决问题，至于请他们的教员专教一二小时恐不可能，因事情多分不出来。 我同意你办好手续即回南京去住刘兄之训练

---

① 刘兄：系刘伯承。

班，他们决心在一年内解决问题对你是适合的，望即随同该警卫员回来。

可持此信与椿芳①、涂峰②等同志及舒主任③批准介绍来宁。

我的工作至少几年内在南京，不会返沪的，不应该因此影响你的工作与学习。

你在宁学习一年后将来再返回俄校工作也行，此时宜争取时间解决学习的段落，另请专门教员，俟你回南再商量，也可以办到的。

布礼。

仲弘

一九五零年十二月二十五日

---

① 椿芳：系姜椿芳，时任上海俄文学校首任校长。
② 涂峰：时任上海俄文学校副校长。
③ 舒主任：系舒同，时任华东文教委员会主任。

致张茜

绛子：

今天正午政治部过年。今晚五时司令部过年。他们都要求我去，因为许多同志好久未见面了。去年参军的根本不认识，因此我必须去作演说。所以不能到车站来接你。

你到家后可休息处理一些事务。今夜七时至八时市委过年，你可以出席，并看《腐蚀》电影。

过年快乐。

仲启

即日一九五一年一月一日

致父母

父亲母亲①大人尊前：

　　元月三日手谕奉悉。四叔病故，闻之痛惜。彼一生为人多为己少，撒手归去不愧劳动农民，实堪矜式。又修和来信云昌纯大叔亦化去，彼则不如四叔远甚，一生悭吝成性，对幺祖父母硬顶，对平辈不帮助，对子侄不培养，一辈子过地主剥削生活，足不出里门，死了实不足惜。父母返渝安泰，儿至为欣幸。母亲开荤甚好，但总以多素食为佳。拜读吾父巴山数绝，讽诵之余实深赞服。此类怡情养性的著作，恳多从事。朝战②尚要作最后努力，美蒋登陆以及滥炸宁、沪仍有可能，恳父母暂住渝一时期，待局势大定儿当来迎，总求宽心舒畅，为祷为祝。儿已移家南京，上海亦常去处理公务，身体甚好，祈大人释念。居渝事宜，已托李处长照料，不详禀。专此。

---

① 母亲：系陈毅的母亲黄培善。
② 朝战：指抗美援朝战争。

敬请福安。

儿世俊谨禀

一九五？^①年一月三十日

---

① 手稿此处模糊，大致推断应为"一"。

1958年7月，陈毅父母和陈毅一家人在北京中南海庆云堂四院家中合影

23

致张茜

张茜同志：

三月六日分别，七日到上饶，八日入闽到崇安即患感冒，九日到南平大烧大热，十日到福州就医两日后略愈。十三到厦门，连日看阵地开会接见我干部和党外人士，很疲劳。十五日夜复大病即停止工作，廿一日回福州病减退，工作到廿六日急于离闽返沪就医。廿九日到上饶复病，卅日抵沪即日入第六院，现已七日，感冒病尚未完全好，肠胃炎已好，疟疾未查出，医者定是长期疲劳抵抗力减退所致。但查肝内有肝蛭虫，虽无大妨害应设法疗治，免致扩大，肠炎与此有关。我已与华东各同志商定请假一月在沪治肝蛭虫病。因此预计要五月初才能出院返南京。在养病期间，尚须出席人代会讲一次话，这并不妨害治疗，我已答应了。

这次病是多年没有的现象，精神困顿，但支持得了，今天精神较好才写信告知您。

陈毅给张茜的信（手稿）

戒烟是坚持下来了。余后告，学习情形略告，请交建设大厦市委转。

敬礼

仲弘

一九五一年四月六日

致张茜

张茜同志：

前寄一信谅想收到。今日才知刘晓①、魏文伯②两同志要赴京开会，他们来病房话别，我顺便又写此信。我的肠炎和感冒均已完全好了。现在准备以二十天至一个月的时间来解决肝蛭虫的问题，一切准备好，不至有问题，希释念，便中可问刘魏两同志。

刘晓同志到京后还要赴莫斯科参加五一盛典。观光盟国，十分幸运。我请他探视一下罗炳辉③同志的女儿。你是学俄文的，也不妨与他谈一谈。望你努力学习，这在你不成问题，主要是健康很重，这很可虑，身体弄坏，一切本领等于零。望注意学习与休息的适当调节。

---

① 刘晓：时任上海市委第二书记兼组织部长。
② 魏文伯：时任中共上海市委书记处书记。
③ 罗炳辉：1946年4月，罗炳辉任山东军区第二副司令兼新四军第二副军长；6月21日，因脑溢血而去世。

在京中学习如有困难，如需要零花，可向刘魏同志提出请求帮助，他们是会注意到的。

每天要有休息时间，星期日应完全休息。应遵守这一规定。

我还未回南京。家里事不甚了了。以后再告即致。

布礼!

陈毅

一九五一年四月八日

致张茜（摘录）

张茜同志：

四月五日信和四月九日信均收到了。我托刘晓、魏文伯带的信想你亦看到了。

我的病状经最近的检查，对于治疗毫无问题。如不杀肝蛭虫则目前可以出院立即可照常工作，完全是一个健康的人恢复病前的状态。所谓肝蛭虫据医生说不治疗亦无妨，广东福建的人据说50/100均有此虫寄生在肝内，可以治可以不治，即是他潜伏十五年至二十年不爆发，并无妨害。若爆发则对肝胆有影响。医生主张此虫在我身上虽无害，亦以治疗为宜，我完全同意。华东局也批准了，决心一个月时间来办此事。医生又言治疗既不用静脉注射，亦不用肌肉注射，而用口服，可以和平的来解决问题。每日准许起床数小时并到花园散步，如是你可想见这种治疗是无大问题的了！

这次住院是多年来的难得的一次，主要是上海医疗环境好，初住第六医院已经设备周全照料周到。从四月十一日转院到鸿恩医院，我一个人住一所五层楼的大医院，有大花园，有各种电疗设备，真是平生的幸遇。同时眼耳喉鼻皮肤各专家均请来看病。现在鼻膜炎已愈，耳流黄水已愈，脚上湿气和皮癣昨日开始治疗。我总想把十多年来未治的病统一解决一下。

经检查心脏好，肺好，肝胆正常，肠胃炎已好，血压无问题，血色素很好，体温脉搏正常，在打了肝蛭虫以后一切无问题的，可以多活几年了。

同时要报告的是戒烟已坚持至今，估计能坚持到底，主要是现在看见烟就讨厌，尤厌烟熏，其次体重从八十五公斤减至八十一公斤，血压从百三十减至百十五。医生说是好现象。吃苹果的办法已停止。医生认为这次肠胃病即系吃苹果太多，生冷硬对五十岁的人并不宜云云。因此，我的情况请您放心。当然不必需您亲来看护，您能在京争取早日完成学业为最好。

你四月五日信讲到学习情形，信中说京校并不比沪校高，又说政治学习多俄文学习比较少云云。我劝您不必要求太高，政治学习亦属重要，你信中亦见及此这是好的，

1947年5月孟良崮战役时期的陈毅和张茜

希望努力并保重身体，在你学习问题上，我便不多说了。

重庆寄来的信我父亲母亲很关心你，开车伤牙，陈重坤来言你表姐曾到她住处拜访，说姨母胆石病已开刀全好。表姐生了一个小弟弟，她也动了手术，表姐、姨母问你作何工作云云。我想你可以写给表姐、姨母，把你在京学习情形告知她们，这是需要的，我病好后如有时间亦可见她们一次。重庆我父母处你有时间亦可去（信）一次。信写重庆市人民政（府）交际处转陈家余老先生。

你在京不多拜访很好，但一般争取有几处走一走也好。

寄上在福建的几张照片，南海风光甚好，但我却病也。祝您学习进步身体健壮。陶秘书来信说孩儿们很好。我要五月初完成治疗，五月可能来京。今日精神很好，特写此长信即致。

另福建照片留爱唐路住地，不在院中以后再寄来。又及。

布礼。

兄仲弘吻

一九五一年四月十五日

致父母（摘录）

父母亲大人膝下：

二月十九日手谕奉悉。知大人移居后情况，甚为喜慰。儿於三月六日赴闽，三月卅日返沪。在闽廿余日巡视各地，不幸感冒并患肠胃炎，於返沪即入医院治疗。经过十余日，感冒和肠炎已完全好了。本可出院照常工作，奈又发现肝内有肝蛭吸虫潜伏，医者言不治疗目前并无大妨碍，但恐日久生变，有演化为黄疸病水肿病的可能，甚至可能变为孙中山式的肝癌云云。经同志多人考虑，且得中央批准，决心治疗。於本日下药，拟定二十天为一阶段，如奏效即可出院，否则尚需延长时间。医者言治此病在室内可自由坐卧，并无痛苦，不过用药后头晕和精神不爽，则需多睡眠也。儿思几十年来，戎马倥偬，得此小休，亦属幸运，故祈大人勿念。张茜已到北京俄专学习，定今年底结业。彼能完成俄文修业，此后即可担任俄校教务和通译，学有专长，立身有道，甚可喜也。本来她在革命阵营服务已近十五年，历任科员、科长、政治协理等职，并又任上海俄校教务副主任。她如果继续工作是不成问题的，如果评薪水亦将得团级待遇，可得月薪四百单位。但仍主张其再学一年，养成专门俄语人材，才更能切实可靠，有巩固的发展前途。因此不能不让她远去京门一个时期。这是新中国为人作事基于各有专长的根本原则，望双亲本此意转告儿弟兄姊妹并及下辈。中国人人人如此，何愁不富强！如果仍旧贯，不依赖即寄生剥削，于己于国，皆非了局。重坤妹已卒业，在市卫生局化验所任见习化验员。现尚有困难不能独立化验，必须见习半年，才能正式担任工作。她现系包干制，每月可余数万元^①。她进步快，身体好。她现住崔部长家，在湖南路儿旧住处斜对门，地方很好，崔部长照料甚周。崔并言重坤进步快、德行好，才干逐步可以锻炼。现准其每周来院看一次。儿已多方教训她进步，她很高兴，认为前次不回川是对的。此事请双亲放心。另儿家移南京，湖南路住宅

---

① 数万元：1955年币制改革时，一万元等于人民币一元。

已交公。小丹小侉小羊三个小儿读书有进步，小侉已能写数百字的文章。他们即在儿住处隔壁的小校内读书，往来甚便。孙女儿珊珊①已八个月，呀呀学语，相貌像重坤妹，又肥又壮，专请一个人待她。一切请无念。

另有一件事，即桃娃子被谋害事，可要大爷具报，向乐至县府要求昭雪，这是应办的，请双亲考虑。唐家心科、心和两老表跑到剑阁，屡来信求救，请孟熙写信要他们回家为好。他们不是恶霸，何必远走，自讨苦吃。

杨仲赤②甥来信已收到，证明思想进步，望努力。请转告杨三姐③要宽心服从土改，土改后过劳动生活，实应份也。对裴先生陈凤梧弟柳叔堪表叔（恨未能一见，后会有期）及其他亲友亦均恳代致意问候。他们来沪，公家只能按例招待。儿为一工作人员，更不可能破格办事。这方面均要求知我谅我，不以为罪。实际是很优厚了。昨天百老汇把前后招待费用算了一个账，要儿过

---

① 珊珊：系陈毅之女，陈珊珊。
② 杨仲赤：系陈毅之妹杨三姐的儿子。
③ 杨三姐：系陈毅的妹妹陈世芳，嫁给杨运昌后家人称之为"杨三姐"。

父母親大人膝下，二月十九日 ... 諭奉悉、

知大人稼穡為懷，晚甚為喜慰。兒於

三月六日返渝，在渝廿餘日

巡視各地，不幸感冒，腸胃受涼，拾返

兒即入醫院治療，經過十餘日漸合

和腸炎已愈，全好了，兒可出院如常

工作，奈又發現肝內有肝腫瘍虫譜

伏（醫者言不治療目前並無大妨礙，

但恐日久生變，有演化為甚症痛

以脞二疹的可能，甚勿可驚覺為此中

以武的肝瘡云云，徒目兒每人皆

志里浮申央批作決心治療藥於

共

中

央

中

華

東

局

箋

目，数目很大，已转请报销去了。昔赵子昂①诗曰"谁知盘中餐，粒粒皆辛苦"，此确为实情。又韦应物诗"身多疾病思田里，邑有流亡愧俸钱"，又曰"所惭居位崇，未睹斯民康"。一切均从人民出发，儿窃愿勿愧於此，故不得不反复言之。

今年双亲以在渝居住为宜。千厮门住地，热天不大宜，可商请乡居，不必要在城市。可与李处长静一商量，能住下即住下，免多麻烦。

近日住院摆脱事务，故写此长信禀报，请双亲宽心。此请万福金安。另张茜开车伤牙已补好，请母亲放心。

二儿世俊

一九五一年四月十六日

---

① 这首诗不是赵子昂所写，而是唐代诗人李绅所写。

附言：

孟熙大哥：你三月廿三日信收到，忆南泉已读了，甚好，不过我希望你把名士派收起，切实做人民服务工作。你血压高更要减食及运动……仲弘又及。

致张茜

张茜同志：

  崔部长来京托面告病状，祈勿念，十几天后可出院。以前写三封信谅收到。您写的两封信收到了。祝学习身体均好。

仲启

一九五一年四月二十五日

致张茜

茜：

今日到院恰满一月，近十余日未得您信甚为悬念。到院后写了两封信，收到您两封信。又托刘晓、魏文伯同志等带一封信谅收到。刘晓同志回来传言他未见到您，但说魏见到您，说您学习与生活情形甚好，我甚为高兴，但总以未得您手信为歉也。我住院从三月卅日到四月十六日，诊好肠胃炎和重感冒。从四月十六日起开始治肝吸虫，现已半月，再有一周即告一段落，无论见效多少，我是决心出院了。主要工作忙我不便长期住院，例如明日"五一"大游行他们要求我参加，我尚未决定。但此次治疗效果很大，眼睛耳鼻均一并治疗，牙也作检查，肝病据说已减轻。请勿念！

每日上午至下午四时均遵医嘱睡床上不起来，下午四时至八时，准许四点钟起床，但不能到园中游览。我利用茜：

今日到院恰满一月，近十馀日未
得您信甚为悬念。到院后
写了两封信收到您两封信。又
托刘謜魏文伯同志等第一封信
读为幻。到腔内去四未信，其他
书是到您但说魏见到您说
您另习若坐陪借飞甚近，我
甚为高兴但经以未得您
来信为欢也。我住院……

陈毅致张茜的信（手稿节选）

这一个月时间读了许多文学著作，以屠格涅夫、莫里哀和中国旧小说笔记为多，收益不少，同时得李亚农①帮助送来数十件宋、元、清名人书画，眼界更阔了，吾国艺文之富诚足自豪并加热爱。

　　我之出院期定在五月十日左右，届时另有报告。近情希略告。此致敬礼！

仲吻

一九五一年四月三十日

---

① 李亚农：时任上海市文物管理委员会主任委员。

致张茜

茜子，吾爱：

昨寄一信谅收到。今日为五一，我把行李均取到医院来了。前答应寄闽游照片，兹特检寄几张。别后的容颜彼此均未看见。凭此供您休息时展阅。今日五一大游行医生不同意我出席大会故作罢，但正午到医楼八层大楼看了一下，百万人的盛况与往日同，惟里弄人民增加甚多，证明上海工作是较前此深入了。

匆匆问您的好。

仲吻

一九五一年五月一日

致张茜

茜：

四月十九信收到。您缺血染素主要是不肯多吃。主观上怕胖，怕血压高。您现在应改正过来，每日劳作有一定消耗，必需一定量的补充，您必须多进饮食，否则长期消耗必有难以维持的一天。您多年想抽时间完成俄文学习，但一到有此机会又病下来，那就十分倒霉。因此您把工作学习调养要配得很恰当，则定能恰当解决问题。既不可不努力学习，又不可过分疲困自己，既不可不休息，又不可过于休息太多，既不可不注意饮食，多吃一点东西，又不可过。但是您的毛病在于不知道休息，不知调养进饮食，健康乃一切其他皆附丽物也。

今天已五月四日，尚有两天即告治疗第一阶段期满，即可考虑出院问题。以后再告。表姐他们自寻生活，我们只作亲族往来并无妨碍。这类亦属不可不照顾，更不要逾限去照顾。正常行之可也。

我近日连写几封信给您，得四月十九日信后已欣慰，你又不要为了写信给我妨害你的学习休息时间，至要。昨夜刘晓、张毅、韩静等来我处已见过谈了。

敬礼。

仲

一九五一年五月四日

31

致张茜（摘录）

茜：

五月七日信和相片收到。信上说学习对阅读有帮助，我认为这很重要，至于会话问题是次要问题，因为口译显然不是您学俄文的目的。如何？努力把文法问题弄清为要。应注重精读，不要消化不了，不要去注意会话，因为既然您学得会话、以后也会忘记的，因为您不会有很多机会去办外交。学俄文主要从事译著与介绍。

我自本月七日即停止用药。这次治疗结果要数礼拜药性过后才能检查。目前注意恢复常态。我决定下星期一出院（十四日），十六日即返南京。六月底再回上海来检查，如未杀死完再考虑第二次治疗。若第二次的药上海没有，要到香港去买回来，才能说到再治疗。因此我的治疗已告一段落，回南京工作无问题了。自然要注意自己的调养。烟确未再吃了，体重仍保持82公斤，希望不增，再谈减少。

六月底或者更早六月中要来京。比时可能您考毕，我会毕亦同南返或便道去游孔林泰山。

你读此信后如回信可寄南京军区。你功课忙，不必写信了。另外买衬衣时可以在北京买一二件临时穿，此处买恐怕难中意。已看见崔部长、魏文伯等同志，再看相片和来信，我甚放心了。

前信说小孩生活习惯的事，近不甚清楚，陈秘书来说均平安……你说各节我回去即办。即致。

布礼。

仲启

一九五一年五月十日

致张茜

茜：

　　昨天下午到家。六月初不来北京，即要去上海。家内一切均好。兹将孩儿们的信给你看。他们身体都很好。你今后的信请写交南京军区司令部（可写上家信字样）。正忙着处理事务，不多写。后叙。

　　布礼。

仲吻

一九五一年五月二十日

附：子女给张茜的信

亲爱的妈妈：

　　您好吗？我很好。我们已经分别了二个半月，我很想您。小妹妹也胖了。小妹妹也会在床上站起来了。我们的学校快要放假了。王老师也走了。妈妈您在北京学俄文，学的好吗？小妹妹已经生了四个牙齿。小妹妹现在二十一斤了。祝你身体健康。

小丹敬礼

五月二十日

亲爱的妈妈：

　　您好吗？我很想您，我和小丹、小羊都很好。我们学校快要放假了。小考我考的都很好，就要大考了。我在学校里很好。小妹妹也长大了，有四个牙齿。请妈妈不要挂念。祝您身体健康。

小侉敬礼

五月二十日

妈妈：您好吗？

小羊

致张茜

茜：

返宁后很忙，故你五月十八日来信未复。南京部队正在举行镇反，颇为紧张，我们保证不出乱子，故不得不用力。家内一切均好。

孟熙来信一封送阅。人的想法会在实践进步的，我党政策确乎伟大呀！

六月底可来京会面，不再写信假如无要事的话，望你亦如此！

布礼。

仲吻

一九五一年六月一日

致张茜

张茜同志:

　　近来很忙没有写给你，想你忙于考试也不得闲吧！几个孩子都很好，三个在一起配得很匀称，高低大小都好看，近来天热，他们吃东西均不行，别无问题。我来京的时间尚不定，大概要在七月初去了。此告祝学安。

仲弘

一九五一年六月十二日

35

致张茜

茜：

这次到临淮阅看渡河演习，看到各种兵器联合作战，又看到二百五十名伞兵降落确为奇观。昨晚回南京连日室外达百○八度①，室内亦近百度十分热，并且闷得慌，愿得水草之地去居住。信中说你病好了，如何病？为何好来，万望注意。健康是一切之母，主要是学习过度紧张，我意暑假即回来不再到北京学习。前周到焦敏之②学校一看，已有俄籍教员五人，学生进步快，学校校址已选好，在此地学习亦佳，军事学院俄训班亦好，主要在家学习不至于弄坏身体，假如学好俄文带回一个衰弱的身体是不划算的。

六月不会来京，七月尚无通知，我何时来京另告。来

---

① 此处的"百○八度""百度"是华氏温度。华氏108度约为42摄氏度，华氏100度约为38摄氏度。
② 焦敏之：时任南京华东军区外语学校校长。

时当带东西或找好东西派人送来。

我处暂不要翻译了，请告张锡畴①同志释念代谢，目前翻译已逐步解决了。

戒烟之事已完全解决了，即四个月来未吸烟了。

敬礼。

仲弘手启

一九五一年六月二十一日

---

① 张锡畴：系张锡俦，又名张锡畴，俄文翻译家。

陈毅致张茜的信（手稿节选）

中國共產黨上海市委員會辦公廳牋

陈毅致张茜的信（手稿节选）

陈孟熙致陈毅的信

仲弘二弟：

接你四月十六日长信一封，对你最近情形，知道很详。惟父母及阖家对你的病，则甚担心，希望你的病能早日平安告愈，俾释远怀。母亲说，你的病宜多养两天，务必要把病彻底养好，免以后再犯，方能全心全意全力（无病的话）为人民服务也。

母亲已偌大年纪，家中生活的操作，她还未放松，如锅头灶下，缝衣做鞋都还要干之外，并且还争取在家中学习文化，学到习字，学到挂账，学到打算盘，日常耗费，必须把账目弄清楚，叫她休息她也不干，她老人家这种精神，真值得我们当后人的学习，现随函寄上母亲所写蒙格字一张，我们相信，可增加你病中的高兴，母亲以如此高龄尚自动争取学习文化，如果不是毛泽东时代，哪里会如此，这又可见毛泽东的党，共产党的教育，人民坐江山的教育，使七十二岁高龄的老太婆，都发愤为雄了。母亲她老人家，既然能够如此，其余的人，是否努力争取学习，也就勿须介绍了。

（母亲虽开了斋，仍照你意常吃素食少用油荤，尤其热天，更少食油大。）

因为我们要赶上时代，就必须争取学习，全家大大小小，在思想上，都坚决的要争取完成马列主义的武装，必须联系实际，站稳立场，不是为了怕受批评，是行动上根本就不愿作、不愿有受批评的事。常听人言。多一天革命生活，就多一天进步，参加革命愈久，思想就愈纯粹，这样共产党优良的作风，最能鼓舞你的哥哥嫂嫂弟男子媳们的坚决的学习，我再安慰你一句话，我辛苦的弟弟，与你长别多年的家中的人们，他们的思想作风、认识，也不似前此来上海时那样了。我的弟弟，你对于家中人们，恐怕他们还存在的旧思想、旧作风、旧包袱这些关怀，希望你从今天看见这封信起，立刻放下。他们的思想永远在前进中，他们今后，无论生活习惯、思想言行，只有一个目标，"向工农兵看齐"！

（季让在县任副县长能站稳立场工作颇努力。）

比如我喜欢偶尔作诗填词，但是极力争取向革命诗人学习，要写工农兵所需要的作品，更不需要滥调。不过这一个学习是很艰苦的，愈学马列主义，愈不敢下笔，所谓诗词，久无写作。所谓工农兵文学、大众文艺，定要从实际的革命斗争生活中培养锻炼得来，单凭一般知识分子的修养怎么可能？

张茜参加革命的历史，学习的努力，并且又一身兼家庭助夫教子（这话旧一点）的工作，再都值得弟兄妹妹们的学习，我们唯一希望她要保养身体，快乐前进。母亲说她贫血，宜多打补针。

我从前在上海曾反映一些人参加"革大"学习，结果进步的人不多，而今反省，那真是一种自讨麻烦的错误，而今留在上海的人，居然还有人来信要求我，再反映他们亲戚来学习的这些人，还是旧眼光在看我这种见解的人，我内心报以鄙视的冷笑！的确我回西南来，就压根儿不曾反映一个人去学习或工作，并且凡遇有来要求我帮助他们去学习或工作的，我便发生憎恨。我的心理真变得快！我现对一切旧人、旧物、旧事，都发生痛恨，就是自己的女人，学习进步则喜，学习或了解问题迟钝，则老不高兴。今天的我却非旧日的我了。因此割断一切亲戚故旧的关系，不说情，不说事，算是百分之百的作到了，我现借鲁迅的诗打油两句如下"横眉冷对亲朋指，俯首甘为群众牛"。

（再西南局各级首长对二老种种关怀、照顾，倍感阖家，异常感激，勿念！）

我的工作，最近曾由西南局人事部派重庆市文教局以中学教员派遣工作，后因各校开学已久，中学教员无缺，现又由统战部打算派在重庆工商联任秘书一类的职务，但须将档案带送去。经民主通过，再决定云，不知能否无问题，俟决定后再告。总之兄对于本身工作，希望在一基层工作岗位上，因为我的性情愈老，愈好静，即是说希望长期在一固定工作岗位上，在不断的学习中把工作搞得很好，方不负党给我的教育和培养，这便是兄的唯一志愿了。话又说回来，如果组织不需要我在一固定岗位上，未必我就不努力吗？非也。一切一切听组织分配可也。

重坤在你的教导下，确实有进步，由她每次来信，思想上一封不同一封，因此我们知道她的政治水平是提高了，双亲极为愉快！

余再谈。祝你身体早日康复。

胞兄熙手启

一九五一年九月十四日

致张茜

茜弟：

　　十五日晨赴博物馆看周成王时代的食鼎，距今已三千多年，诚珍品也；次阅明、清人字画，间有佳者，以黄道周字为压卷；另看太平天国文告数种，亦足资研究。十时半转赴图书馆，看《四库全书》及《永乐大典》，以大典制作最精，其古色古香令人悦目，不必言其内容矣。午餐于楼外楼，湖鱼味甚美，下午游黄龙洞、紫云洞，晚看京戏。十六日赴绍兴，游东湖、禹陵并访鲁迅故居。夜归入浴，浴后写此信报告游踪。几天来头已不痛，晚上睡得很好。明日拟去天目山之莫干山，住两日即返沪。休养之作用甚大，望你在院不要错过三个月的休养治病的计划，有机会不知道利用实愚人也。如何如何？

　　　　　　　　　　　　　　　　　　　仲弘

　　　　　　　　　　　　一九五二年五月十七日于西湖

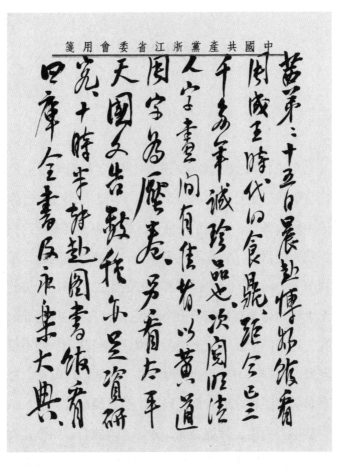

茜第二十五日晨起博物馆看
阅战国时代的食器、形象今正三
千多年诚珍品也。次阅旧法
人字画向有佳者，以黄道
周字为历卷，另看太平
天国文告数种你呈资研
究，十时半持赴图书馆看
四库全书及来禀大典

陈毅致张茜的信（手稿节选）

致张茜

茜：

　　七日来信收到。重坤妹返沪，所要各物均带上。俄文打字机我二十号到上海带来，重坤个人带恐遗失。你八日信中所说各节，我到沪再面谈，你病中不宜多想这类问题。我头经常痛，我亦不愿多想这一类麻烦的问题。革命胜利第一个满足，家庭样样都是好的第二个满足，彼此身体无大病尚可多有几年第三个满足，为什么不从宽处远处想呢？近来四个儿女天天绕膝嬉娱，甚乐甚乐！我不仅关心老辈，同样也关心儿幼，两者并不矛盾。"五反"之后陈卓君仍要照顾才近人情，只要不超过原则。

　　家事，由陶、韩等处理，颇好，请放心。四个儿女衣服穿得甚清洁整齐，请放心。一切养好病再说，吾定把您放在第一位。重坤来要好好接待。

仲吻

一九五二年六月十日夜，今晨头痛现略好

致张茜

茜：

　　十日信悉，一切照办。我每日只作半天工作，余放在休息方面。详情已由重坤妹面报。我每天写写字作为一个怡情悦性的工具如何。你七日信我知道是半年病榻生活的反映，观点不一定对，但用意并不坏，我是一个善于理解的人，请放心。但七日和十日两封信比较起来，自然是十日的信好，而七日的信差不多是一封等候限期答复的哀的美敦书了！望你三个月内能完成克服肺病的任务。你常在我身边才有幸福可言，不然是很枯寂的。望安心调养，二十日到沪定设法早见你。

　　　　　　　　　　　　　　　　　　仲上

　　　　　　　　　　　　　　一九五二年六月十一日

致张茜

张茜吾妻同志爱鉴：

　　重坤想已见面，兄近情甚佳。感冒病已不发。头疼已减轻。今日起已开始工作，争取每晚休息。兄二十日来上海开会，小侉小丹要再四个礼拜才放暑假。珊珊很好，余容面谈。上海会议多，我有些怕陷入又病一场，无法无法。只好开锣上场。祝您静养成功。

兄仲弘

一九五二年六月十六日于南京

41

致张茜（摘录）

茜：

今日在中山陵遇见粟裕、张毅两同志，他们都反对你在交大作教员，使你肺病由重犯到不可收拾。我听了这话又把你坚持交大工作的信抽出再看一遍，想到徐海东[①]十三年来卧床的情况，令人不寒而栗。假如上帝一定要把这个灾难降到我们家庭来，我也毫无办法。人生原不过梦幻，又何必斤斤计较……此事望悬崖勒马。

X光照片确实有，华东军政医院的当去借来带回。我要月底回来。孩子们均好。

仲启

一九五三年五月二十三日

---

① 徐海东：系徐海东大将。

陈毅与张茜

致张茜

茜：

　　你的肺部X光照片已找得，应感谢陈秘书不疲倦查问而寻获的。李振湘①部长言，你夜间能不读书休息，午间休息二小时，每日三餐给养改好。在这几个条件下是可以工作的。他这个条件可以供你参考。不知你如何解决工作与休息问题。总之不能再犯病了。望以此照片去求关医生作一次诊断。

　　我近来很好。我六月二十日左右可以回来。问候季让。

　　致礼。老人孩子均好。

仲弘

一九五三年六月五日

---

① 李振湘：时任华东军区后勤部卫生部副部长。

致张茜

茜：

六月二日信收到。能在家作翻译工作，甚好甚慰。望作长期打算，不求速成。适当休息，适当工作并要有较好营养。你父亲的事，望他请假一月来上海办。我有办法，我们自己亦能负担得起。我六月二十日左右返沪。望他届时最后来沪。

你已安心下来，望作一个五年计划干下去。仍然要去找医生作一次诊断。

快写信要我岳丈来上海，由你写。又及。

仲吻

一九五三年六月七日

致张茜

茜：

　　震林①、丕显②两同志今日来京开会。你即可见到。我估计中央的会议四月内不会开，我因而也不会来京，此点如确实请问谭、陈，则你可随谭、陈南返，直回上海或回南京，由你决定，最好直回上海，我希望能先看到你。

　　如果你还需要在京治疗，则不必忙于回来，治好时通知我。匆匆致候。

仲弘

一九五三年十一月三日

---

① 震林：系谭震林，时任浙江省委书记并主持华东局工作。
② 丕显：系陈丕显，时任中共上海市委第四书记。

致陈孟宣

孟宣弟：

十一月十八日信收到。所见甚是。许多问题正在处理和纠正，我们所得的情况与你所提的不仅相同，而且有更严重的问题在。一由于社会主义建设是崭新事业，我们无经验，很难免犯错误；一由于主观主义或官僚主义等原因；一由于不了解下情或下情不能上达或终日沉没在文牍中使许多事情积压，本可以避免或可以不犯或少犯的，而终于犯了……以上就是问题焦点所在。从八大到二中均是集中力量来批判错误和寻找缺点，并立加改正，这次人代下乡也带着这样精神下去的。我估计许多问题是可以得到纠正的，但可以肯定，新的问题又会发生，只要我们不是闭着眼睛，自己哄自己，而是有决心面对现实，深入群众问题的危险将便没有或不大。

这是我对你来信的一个答复。你的意见很对，有所见可以再写信来，你的信我交给有关部门去作参考。

你以前来过几次信，都未回你的信，主要是忙，十分抱歉。你以后得便来京，可以到我家走一走（住北京东交民巷八号）。

我因疲劳过度，月初突然发生脑临时鼻血症，入院治疗了二十多天，现出院，党批准我到南方修养一个月，争取能复原。我明早动身南去，年底可回京。匆匆作复。望你努力而踏实的作工作。兹寄照片一张，是你二嫂与我今春在西安合照的。

问你的好！

二兄 仲弘复

一九五六年十一月二十二日

病后不能多写，太潦草了。礼谅。

致陈昊苏

昊苏：

十二月二十日来信收到了。你的功课和写信有进步，我和妈妈听了很欢喜。写家信要详细把我们要知道的都交代一下，是必要的。比如我们很关心爷爷、婆婆与你弟妹的情况，可惜你未提到。我们也很关心张秘书、魏管理员以及其他各同志的情况，你都未提到，希望以后写信带上一笔。自然你这次写信只讲自己的事，这不能怪你，不过希望你以后注意。

我到广东从化温泉休养十九天，又到琼崖岛去游览了十天，今日回广州。现在已是年终了，明天就是新年了。我还打算再休养一个月才回京与你们同过旧历年。

你妈妈的身体很好，我的健康已逐渐恢复。

希望你把此信转念给爷爷婆婆和弟妹听，代问好，并请他们不要挂念。

冰鞋可以买三双，你三弟兄一个人一双，珊珊明年再买，可请张镜源①同志代办。

明年一月份还望你三弟兄每人与我写一封信。

望你学习好，身体好。

父示

一九五六年十二月三十一日，守岁之夜，于广州

---

① 张镜源：时任陈毅的秘书。

致张茜

春兰①爱鉴：

匆匆南去上海，要十二月底才回，十二月半不能在家
迎你回国了！锁匙放在书桌的第二抽屉里，你可找到。

这次出国胜利，祝贺你！

此致。

仲弘吻

约一九五八年十一月二十七日

---

① 春兰：张茜的小名。

致四个子女

昊苏、丹淮、小鲁、珊珊：

你们好？宜在海边多温习功课，多锻炼身体，听妈妈的话，要晓得全家到海边避暑的机会不多了。

昊苏准备进大学，宜以锻炼身体为重，数学、物理复习次之！

丹淮要着重补习功课，锻炼字和作文，改掉不听话的坏脾气，改，改，改！

小羊来信，我很喜欢，你只要能稍稍注意和努力颇有进步则太好了。

珊珊年幼，好好听妈妈的话吧！

父字

一九五九年八月八日

1964年2月在成都过春节，陈毅元帅准备出访南亚三国。左起：小鲁、陈毅、昊苏、张茜、丹淮、珊珊

49

致陈孟熙

孟熙大哥如晤：

四月一日信悉。母亲拔牙获痊愈，闻讯极欣喜。程子健[1]、周钦岳[2]来开会，面告母亲情况，他们说母亲出院返家甚好。至慰至慰。兄来信说得更明白，弟更放心。兄以近晚年奉侍双亲，尽孝道，弟亦感激不尽。万望在双亲前多致安慰，使宽心静养，使寿更高，为祷为祝。德成[3]侄儿应到农村锻炼，做到自食其力，他少爷气息太重，无吾家穷人要争气之概。至于如何安排望兄多加严督，不应再累公家。近三年灾情严重，遍及七省，也波及吾川。吾家靠公家照顾帮助才能渡过至今。今后仍有大困难要克服，要想到全国人民和重灾区人民

---

[1] 程子健：时任中共中央西南局统战部部长兼中共四川省委统战部部长、政协四川省委员会副主席。

[2] 周钦岳：时任重庆市副市长、第二届全国人民代表大会代表。

[3] 德成：系陈德成，陈孟熙次子。

的困难。这样对党政的照顾，便觉太过，不应不自足，也不仅致感谢，还要想办法，自力更生节约，千万千万告诫家中人等。德陵①、辉英②在京工作很好，前周见过面。季让春节接来叙谈，学习甚好，暑期快到便毕业了。他要我替他买几本马列基本著作，由于纸张困难这些书坊间难买到，也终于替他办好了。修和夫妇也好，也是春节与季让来见叙谈过，其儿女读书好。弟大儿昊苏入科技大学已二年，学习进步，此子将来可望成器，老实稳重，能替小羊补功课。二儿丹淮入学哈尔滨军工学院，近有信来也算不错，让他当军人，总以远离为念。小羊肝炎休学一年，近来好转，今年下学期可望复学。此子似不及大、二儿聪明，也许年幼之故，张茜教导甚严。珊珊娈心太大，由于年幼之故，张茜督教更严，近来有转变。以上请双亲放心，后代好老人应放心了。张茜冬间伤风多，近年身体好一些，正努力读英文，学习可佩。我身体平常，血压能保持正常，左腿患衰退症，常阵痛时发，正在医治中，唯工作太忙，要能

---

① 德陵：系陈德陵，陈孟熙的长子。
② 辉英：陈德陵的妻子，后离异。

1961年4月中旬陈毅在成都金牛坝招待所与家人合影

抽空休息。均请转禀双亲释念。兄来信书法精妙，故弟写此信亦尽量减少潦草。习字是最好的运动和休养，望兄陪伴老亲，多于此努力。要季让暑期返川，兄才能去渝。弟今年难以离京，因外交事务太多。杨松青①兄尚未见到，当择日去致谢。匆匆致问安好。请于双亲前问福安。请代问李钟两嫂安好，并子侄均好。德瑜②婚事由其自主，可以迟一二年，彼空军同志既要挑剔，便可不就，免上当。她毕业后自食其力非常好，何必急于就婚。如遇人不淑，岂不又是终身憾事。千万千万，小心小心。

弟媳张茜、胞弟仲弘手上

一九六二年四月十日

---

① 杨松青：时任中共重庆市委常委兼统战部部长、政协重庆市委员会副主席。

② 德瑜：系陈德瑜，陈孟熙的长女。

致陈孟熙等人

孟熙大哥、季让、三姐、淑秋均鉴：

前访印尼、缅甸，归得讯知母亲去世。她老人家亦属福寿双全，是好结局，故弟反觉得春间返蓉见母一面亦属幸事。但要感谢你们数十年侍养之劳，今亦了一人生大事矣！父亲前望代请安，更望你们加意承欢。我明日访越南，五月底返京，能否返川不能预言，祈勿念！

我已遵嘱寄六百余元做母亲后事料理费，又每月寄六十元给父亲作开销。全国仍在克服困难中，希本次精神不再要省方补贴，至要至要。否则蒙格外照顾，于心不安，且难逃"五反"，希大哥、三弟、三姐、淑秋不要怪我。我一生都想努力克己、守纪律、不愿累公家，此是实言语也！能否做到多少尚待努力，不能以此自满也！

此次陪刘主席访印尼、缅、柬三国已毕，收获甚大，我及张茜均好。明日访越南，月底可返京。匆匆写此信，

陈毅与他的兄弟在上海合影。左起：陈季让、陈世泽、陈毅、陈孟熙、陈修和

释念并祝健康！

　父亲面前代问安好致慰！

弟仲弘手上

一九六三年五月九日

致陈丹淮（摘录）

丹淮：

　　我今晨去长春，数日后即返京。这次见着你，高兴你有进步。希望继续努力。昨夜刘院长、谢（有法）政委又来见我，说你有进步，又说你尚有不满即怪你妈妈责备你太严。事实并非如此……我想妈妈责备你严比宽待好处多，不从严格出发，你什么事都办不好，反之一切从宽大、谅解，自己为自己辩护出发，结果害处太多。古人常云火性烈死于火者极少，水性柔死于水者比比皆是。汝应深知此理。这次见到你，我很高兴，希望继续有进步，来回答父母及学校和党与人民的培养。立即要上飞机，不能多写了！

父字

一九六三年六月二十日于哈市

致陈昊苏

昊苏并告丹、鲁、珊：

八月五日信悉。丹淮回北戴河我很喜欢且放心。望你带着三个弟妹，与妈妈好好度过此一暑假。这样全家团聚的机会一天少一天，不珍惜地加以利用，岂不可惜！我明日陪索总理①到上海，九号回北京，十号送索总理返国后，我当争取机会到北戴河住几天，请勿念。家里房子要八月半才能完工。你们二十号后返北京为宜，不要忙。你们多温习功课，注意锻炼身体。珊珊要听妈妈的话，丹淮要注意增加体重。你们要劝妈妈多休息，她看书太劳累了。我现在很好，工作多还能担负得起。当然也要注意休息和睡眠。已经深夜一时半，今晨七时起床，八时起飞，不多谈了。我作为父亲，总是希望你们四个，能成为有学问有品德的人，这一点心事，老放不下去，只惭愧我对

---

① 索总理：即索马里共和国总理。

你们教育太少，还是妈妈帮助你们大些。好好听妈妈的话罢。

　　此信读给妈妈听，问她的好。又及。

父手字

一九六三年八月七日晨一时半

53

致陈季让

季让吾弟如见:

兄于二十五日由京到昆明,住了三天,今晚七时西飞,明(三十)日可到阿尔及利亚,祝贺其起义十周年。五日返国,过昆明,即于八日飞柬埔寨祝贺其国庆,约于十四日前后返抵广州,届时看情况是否即返京或休息一二星期,特此告知。为参加我国国庆接待,兄很疲劳,今又远行,为国事不得不然。总是系念父亲健康是不是较今春为好。兄十分感谢吾弟阖家的侍养,仍望努力,并在父亲前问安。赫鲁晓夫①下台,我原子弹②制成,两件大事凑在一起,更见毛主席和党领导的正确和我国人民的伟大。这样的业绩,是我全国人民努力的结果,大家有一份在

---

① 赫鲁晓夫:曾任苏联共产党中央委员会第一书记以及苏联部长会议主席(苏联总理),1964年10月14日、15日赫鲁晓夫相继被解除以上职务。

② 原子弹:我国于1964年10月16日在西部地区爆炸一颗原子弹,成功地进行了第一次核试验。

内，值得引以为豪。你二嫂已下乡锻炼去了，时间一年，约明年十月才能回京。时势大好，但更迫人向前，否则便有落伍的危险，希吾弟努力学习向前进吧！

兄仲弘手启

一九六四年十月二十九日

54

致陈丹淮

小丹吾儿：

九号信收到。完全同意你到南京连队锻炼几个星期。时间太短，要抓紧时间学整理内务、学射击、学基本操练、学部队严格纪律化、学当一个好兵。最重要应列为第一位的是学政治即学毛泽东思想，你们到连队去会感觉你们在这方面不如连队实际，因为他们是把实际与理论联系一起来学的。他们近年强调政治与军事的过硬本领，最值得你学。

你何时过京返家一行均可以，但不要耽误下连时间。

你妈妈下乡去了，要明年才回来。小鲁、珊珊均好，昊苏方劳动后返校，我身体好勿念。请问候王坚政委和院首长。

你来信字太潦草，猜都猜不清，以后来信要纠正。

父字

一九六四年十二月十七日

为批七○逮续二年被评为

为和家里不通音讯，这次由三案
能寄回家里，这次由地三案

让我们特别高兴。闻恩理
小平回来了，特到约我们
家里相见。周恩理和邓大姐

张茜家书

致陈昊苏（摘录）

昊苏：

　　你邮寄北京的信，转来石家庄。你写给小丹的信，我已经转寄出去了。小丹跟我们分手以后，我给他发了两封信（连这次转信在内），但直到今天，还没有收到他的回信。也不知道他是否收到我们去的信。联系当前备战的紧张形势，我猜想他们部队也许有调动，不知道对通讯是否有影响。我来石家庄后给你们兄妹三个，各写了一封信，同时发出。现在已收到你十月廿八日来信，也收到了珊珊十月廿七日的来信，唯独小丹，杳无回音，所以我才有以上的想法。

　　我想告诉你我们这一段时间的情况。

　　石家庄市也是石家庄地区（原专区）的行政中心，"文化大革命"中，又成为河北省的省会。石家庄是京汉路，德石路（德州—石家庄），石太路（石家庄—太原）三线的连接点。京汉路自北向南把全市分为两半，按本地人的说法，石家庄市分为桥东和桥西，就是以京汉路道轨下的一个桥洞为界的。桥东完全是解放后兴建起来的新区，纺织厂、机械厂、现代化的制药厂、热电厂都在这个地区，布局很整齐，街道也宽敞。桥西只有一些中小型的工厂。我们现在的住处是在桥西，接近郊区。这个招待所西边的院墙和烈士陵园紧连，也就是一墙之隔。这座烈士陵园是为纪念白求恩①大夫修建的。现在陵园中有白求恩大夫的陵墓，还有印度友人柯棣华②、爱法华两位医生的墓碑，以及我解放军在战争年代和社会主义建设事业中献身的烈士墓碑。烈士陵园的正门朝南，门前是一条大马路，叫中山大路。路南斜对过有一个石家庄制药厂。我在看石家庄市概图时发现这个厂离我们住所很近，我就提出要求了解这个厂的情况，并请市领导同志考虑能否让我去该厂学习蹲点，经过了解，这个厂的政治条件不错，省市

---

① 白求恩：加拿大共产党员，国际主义战士。1938年来到中国参与抗日革命，1939年11月12日凌晨因病逝世。白求恩墓位于石家庄市中山路华北军区烈士陵园内西侧。2014年被列入民政部公布的第一批300名著名抗日英烈和英雄群体名录。

② 柯棣华：印度人，著名医生，国际主义战士。1938年随同印度援华医疗队到中国协助抗日，1942年12月9日因癫痫病发作逝世时年仅32岁。2014年被列入民政部公布的第一批300名著名抗日英烈和英雄群体名录。

革委会领导同志同意我去这里，立即作了安排，以省革委会的名义介绍我去厂，不担负具体工作，只是了解情况，搞一点调查研究。我自己则是利用这个机会，参加三大革命运动的斗争事绩，接受锻炼，改造思想，接受工人阶级的再教育，我们到石家庄，首先安排好你爸爸蹲点的事。第五天（即十月廿五日，星期六），由石家庄市革委会的付主任陪我去厂，把我介绍给厂革委会主任、付主席和解放军驻厂宣传队的负责人，简单了解一些情况。隔个星期日，星期一我就到厂上班。我从招待所院子的一个边门，就是紧邻烈士陵园的西墙角的小门出去往西，经过烈士陵园门前，往前走几百步，就到了厂门口。从住处到工厂跟从中南海到外办的距离差不多。工厂里是早晨七点半上班，天天读半小时，八点到十二点，下午一点到五点，八小时搞生产。下班后还要搞一个半小时的运动。中午吃饭休息的时间仅一小时，离家虽近，回家吃饭也挺匆促，因此我决定带饭，工厂利用锅炉的热气给职工携带的饭盒加热。吃完饭，还可以在办公室找个地方睡一会儿。我就按在外办那样，早去晚归。感觉到很便利……

这个药厂的前身是抗战期间冀察、冀中、冀晋三个军区建立的上生材料厂，当时都是为了打破敌人的封锁，解决我军的实际需要办起来的，在物质条件极端困难的情况下，抽调一些残废军人来生产军队需用的纱布、药棉；采集土产的药材，制成丸散膏丹。在敌人"扫荡"时，还要进行反"扫荡"的斗争，所以随着形势变化，这些药厂有时扩大，有时缩小，有时分散，有时合拢；分而交合，分而复分。解放以后进了石家庄，经过二十年的建设，现在是一个七百多人的具有现代化设备的制药厂，原来算作华北制药厂第一分厂，但现在听谈建制要划归石家庄市，名称还未定。这两天，我仔细阅读了前几年写出来的厂史资料，很感兴趣。我还准备很好地学习和研究这个厂"文化大革命"运动的经过情况，也认真摸一摸工业生产管理方面的一些问题。我想我是不会闲混，虚度岁月的。当然，我也随时警戒自己，注意自己所处的地位，谨慎小心，不可冒昧行事。

你来信谈到认识和观点，都很好。我只是要劝告你，要注意适当的休息，不要过度劳累，要从长远的观点着眼，贵在长期坚持不懈，不要开始搞得过猛，突进太远，也会脱离群众，使自己孤立。希望你常常要冷静，全面地考虑问题，不要凭着感情冲动行事，那样容易产生忽冷忽热的现象，而这几乎是知识分子的通病。你要意识到这一点才好。今天就写到这里。我要上班去了。

母字

一九六九年十一月四日晨

我在石家庄市车辆厂蹲点，与在南口厂差不多。河北省、石市、省革委会均对我很照顾。我身体好。勿念。这儿天气较北京暖，每日天晴无风。

父附笔

致陈昊苏（摘录）

昊苏：

你欢呼我国第一颗人造卫星发射成功的来信收到了。我们在这里也和广大革命群众和革命干部一道，感到欢欣鼓舞……五一节晚上，我们住地的全体工作人员都坐在电视机前，观看北京欢庆五一劳动节烟火晚会的电视广播。当伟大领袖毛主席出现在天安门城楼上时，我们都热烈鼓掌，心情激动异常。的确，我国的繁荣昌盛，在世界人民中享有今天这样的盛誉，没有哪一样不是伟大领袖毛主席英明领导和战无不胜的毛泽东思想的伟大胜利！我和你爸爸准备了两瓶酒，一两盘冷菜、蚕豆、水果之类的东西，和大家欢庆节日，共同祝愿伟大领袖毛主席万寿无疆！

从家庭范围来说，四月份下半月，我和你爸爸又遇到一件意外的高兴事儿，就是小丹趁出差执行任务之便，到石家庄来了，在我们这里宿了两晚，还和我们一道去河北省平山县南滚龙沟大队参观。南滚龙沟大队支部书记李全寿（九大代表）亲自带领我们参观，并且做了详细介绍。这次参观是预先安排的，不好推迟，小丹头一天来，第二天早起，就和我们同车出发。路上来回共花五个多小时，参观回来，天很快就黑了。又忙着给他买车票，准备他返回部队。这就是说：四月十九日下午四时许，小丹来到这里。廿日，和我们一起去参观南滚龙沟大队。廿一日上午十时坐火车返回北京。廿日这一天，是个很凑巧的日子。去年十月廿日，小丹和我们仓促分离，我们动身来到石家庄。四月廿日，小丹又突然和我们相聚一日，这是多么凑巧啊！因此相聚时间虽然短暂，我们也感到心满意足了……

最近我给住地工作同志拍了一些照片，洗好送给他们，拍得比较好的，还放大了，给他们自己留作纪念。我和你爸爸、小丹、珊珊，也拍了几张。现寄三张给你。

母字

一九七零年五月三日

致陈昊苏

昊苏：

下星期一，五月廿五日，是你的生日。我想不出送给你什么样的礼物，恰好我收到了英文《北京周报》附刊的我国空军成功发射第一颗人造地球卫星的新闻公告。我读了它。同时指出中文稿作了对照，把我国卫星经过世界各地的地名，都用英文写出。感到很有兴趣。在学习中花了一些时间，用了一点脑子，把这些知识记下来。就把这个寄给你，你们整日紧张劳动，休息时随便翻翻，看一看，也总能温习一点你们过去所学的专业。特别重要的是看看我国卫星上天在世界各国人民中发生的巨大影响，这对我们做日常工作也是最大的一种鼓舞力量。就把这份材料作为值得信念的礼物送给你吧！

小丹来信说他被分配搞营地工程建筑去了。珊珊说五月份上山采药去了，她负责搞采药队的伙食。小羊还杳无音讯。

南京天气应该很热了。夏季也是病多的季节，你要多加注意，不要喝生水，睡觉时不要贪凉，不盖被子。如果能健康地通过炎热的夏季，那又是通过了一个考验。你如需要什么，可来信告诉我。

母字

一九七零年五月十八日

致陈昊苏（摘录）

昊苏:

　　今年上半年过去了。在这段时间里我干了些什么事呢? 在这封信里我就来谈一谈。

　　每天上午，在家阅读文件和参考资料。北京送来的文件大体上是隔一天送一次，一次一大包。稍有一点别的事情加上来，文件就看不完。下午去厂劳动，基本上是一周四个半天劳动，两个半天参加学习和其他活动。近几个月，我改变了到各班组参加劳动的流动方式，固定在二连的实验室里劳动……我参加实验室的劳动，学习了一点安装设备、回流、蒸馏、过滤的操作方法。有时也到化验室去看化验方法，也懂得了一些现代化验的仪器，我也试过动手作化验。一切都是新鲜有趣的。在实践中，更深切地了解到各项工作的艰苦。每当一个环节出了问题，而又没有找到解决的办法时，那种焦急的心情，抓住每一个人，促使大家齐心协（力）解决……

石家庄的夏季也像冬季一样，气温变化很大，头一天室内温度高达31℃，第二天一阵阴雨，室温可陡然降到25℃左右。气温忽高忽低，很容易着凉。石家庄市地势低洼，下水运铺设不多，一场骤雨，满城积水，排泄不出去。上星期六下午，只下了半小时大雨，我从厂里回家，积水就没脚踝，看不清路径，我掉到一个深坑里，幸亏我就势把身子往后一仰，背靠地面，两手着地，翻身拔出腿来，弄得一身泥糊烂浆，回家洗刷半天才搞干净……

上边是用复写方式写给你兄妹三人的信。下面分开谈和你个人有关的事。南京地区的炎热，你们受得了吗？你上次来信谈到部队的水库没有钉螺，稻田里没有血吸虫病。是经过严密科学鉴定的结论吗？我很担心你有了什么病痛或是别的不愉快的事情，不愿告诉我们。其实不管是喜讯或者坏消息，及时告诉我们，我们更感到放心。最近有一批科教片放映，从电视机上，我看了血吸虫病的发生和病变的过程，实在很可怕。吸血虫、钩端螺旋体、血条虫病（通过蚊虫传播的）是南方血防工作中三项主要的防治病。希望你在日常生活和劳动中适当注意个人的防护。如果得了病，就要及早治疗。你在摇篮中就患过苏北地区的流行病黑热病（即脾什病），是有一种更小的白蛉子咬了人带进病原体的。想到当时的情景，更担心地区传染病的侵袭。

读文件，看到中草药医治烫伤、烧伤的单方，据报道效果很好，我随手抄写下来，寄你一份。如果部队里、地方上发生烧伤、烫伤事故，可试用医疗患者，不无好处。

你爸爸入夏以来，没有闹过病，生活较过去有规律，自己动手洗袜子、手帕。自乐其乐……

母字

一九七零年七月十八日

昊苏：

妈妈写了长信，望细读，我不多写。望写回信来，详告近状。

父字

致陈昊苏（摘录）

昊苏：

今天是星期日，我吃过早饭，刚离开饭桌，听官秘书从门外说：珊珊来了。跟着，珊珊就和他并排走了进来。我还以为珊珊请假来探亲的。哪里知道她已调到石家庄和平医院附设的卫校来学习了。她是八月四日入校报到，今天得到班长允许，来我们住处探望，下午四点钟便赶回学校。她还带来了喜讯：一、在今年初评中，她被评为五好战士；二、她荣获上级党组织批准被纳新入党；三、她已被提为干部……今天，我们家里真是喜事临门。八月十四日（阴历七月十三），你爸爸年遇七十岁；八月十五日，珊珊的生日，年满二十岁，也是她参军两周年的日子。我们在喜悦的心情下准备下星期在家聚会，庆贺一番。我们享受的这一切幸福，都是伟大领袖毛主席和党中央给予的，我们永远怀着感激之情，尽一切努力做好工作，以报答伟大领袖的关怀和培育。

快到珊珊回校的时间了，我打算跟她一道去学校驻地看看，为了使你们尽快得到好消息，我一刻也不愿意耽误，急忙把这封信发出。

母字

一九七零年八月九日

致王少艾和陈重坤（摘录）

少艾①、**重坤：**

　　"文化大革命"刚开始，我参加了工作组，执行资改路线，犯了错误，一九六七年初受到批判。六八年冬，参加外办（原国务院外事办公室）学习班，经过开展革命大批判，斗私批修，解放干部、清理阶级队伍，整党各个阶段，我恢复了党的组织生活。一九六九年国庆节后，我已准备随外办人员去宁夏省银川平罗五七干校，但是当时中央号召疏散城市人口加强战备，对一些年老体弱的老同志都做了具体安排，你二哥被安排在石家庄。我也遵照中央负责同志的指示，跟他一道行动。到了石家庄，我在一个制药厂蹲点学习，你二哥是在石家庄车辆厂蹲点，我们是各干各的。在石家庄整整呆了一年零一天。今年十月廿一日，我们重新回到北京。这次之所以返京，是因为你二哥血压高、眼睛生白内

---

① 少艾：系王少艾，陈毅之妹陈重坤的爱人。

障，要求住院治疗，获中央批准。因而回北京后，你二哥就进了三〇一医院，经过将近两个月的治疗，现在血压已经能控制在正常状态。今天已经出院。我们还住在老地方。今后的行动尚未定。几年来的经过，简单说来就是如此。在我们这里的工作人员还是过去的一班老人。只有刘妈[①]一个，在一九六七年的九月，看见你二哥挨批斗，我们家庭的处境不妙，她自己提出去上海投靠她的干女儿。于是刘妈就在一九六七年国庆节前离开我们的家。过了整整一年，一九六八年的冬天，也就是我进外办学习班的时候，刘妈突然回到北京，事先没有预告。那时候，各地情况还不稳定，她离开一年多表现怎样，我们也不了解，所以不可能让她住进中南海里面来了。她在老魏等同志的宿舍里住了一个月。据她在言谈中流露，有回头返咱们家之意，但看到我们这里情况也未好转，她也不好开口，只好仍旧回上海去。没有想到不过两个月时间，我记得是在那年春节前，我们忽然接到她干女儿的电报，说刘妈突然逝世。

　　刘妈走后，我没有另外找人，家务劳动一切自理，在

---

① 　刘妈：保姆刘淑英。

石家庄居住期间，当地组织上配备有女服务员，我仍然坚持自己洗衣服，现在回到北京，我还动手烧饭。（因老魏、老施、老张三人去五七干校，已满一年，我们是临时暂住北京，没有找他们回来，也没有调人来替他们，现在是靠杜、官、石、李四位同志帮助对付家里全部事务。我们现在一共是六个人。）总之，刘妈走后三年多时间，我自己搞家务劳动，已习以为常。在外办学习班从早到晚整日上班是如此，在石家庄工厂坚持半日生产劳动时，也是如此。这几年我倒长胖了，当然，胖，不一定是好事，体重增加，自身的负担也重了。可是这一点总是表明我在困难中没有垮下去，也是值得告慰的。

几个孩子的情况也都不错，珊珊参军两年多，入了党，被组织上派到军医学校学习。小侉遵循伟大领袖的教导，走上知识分子和工农相结合的道路，随七机部的一部分工作人员，下放到南京汤山六四七〇部队学员连劳动锻炼，他积极参加文艺宣传队的活动，搞革命大批判，最近又在筹办展览，曾经被评为五好战士。小丹在部队里已被提拔任技术参谋工作。他们三人都和家里保持着通讯联系，唯有小羊，离家三年多，没有信来。在"文化大革命"初期，小羊在社会上引起的流言蜚语最多，招来麻烦最多。一九六八年四月，由总理亲自安排，委托陈锡联①同志把小羊带到东北，安置在部队的农垦农场里。陈锡联见到你二哥，总是夸赞小羊在部队表现不错，能吃苦耐劳，已被提拔担任连指导员的工作。孩子们都是在党的培养教育下，在毛泽东思想的阳光照耀和雨露滋润下健康成长的，我们永远铭记伟大领袖毛主席和党的恩情。

张茜

一九七零年十二月二十二日

---

① 陈锡联：时任沈阳军区司令员。

致王少艾和陈重坤（摘录）

少艾、重坤：

仲弘去年十月下旬，自石家庄返京就医，住院月余后出院等好转。谁也没有料到过年以后，一月十六日，骤然出现一个大变化：仲弘再次住院，而且就在当天，动了手术。其实也是上次住院被医生的问题爆发出来，使人感到突然罢了。从他上次出院之日，他就不断地闹头晕，牙痛，肚子痛，腹泻。到了一月十六日早晨，我看他气色不好，就下决心送他去301要求让他住院，以便观察病情。到了医院，经过外科主任检查，摸到他腹部右侧有一个很大的硬块，按上去痛区很明显，由此诊断是盲肠炎，顷立即开刀。院领导研究后，一面作手术准备，一面打报告请中央审批。下午五点钟该报告已经送到周总理那里，总理立即派他的保健医生和我去医院，并批准了医院的手术计划，仲弘也就被送进手术室。开始是按割盲肠的预定方案，认为是小手术，绝无危险，哪知打开患处一看，发现那个硬块原来是胀鼓鼓的一个大便包，而造成这种肠梗阻的原因则是升结肠腺癌像一个箍紧紧卡住那截肠子，这地方连医生的小指头过去都很困难了，食物的糟粕到了这里过不去，都堵塞在下面一段肠子里造成那样一个大包。这完全是出乎意料的情况。结果刀口拉得很大，手术时间长达五个小时。手术后，从鼻孔插管子到胃里减压排气，几天不能进食，全靠输液维持。当时最大的危险是怕肠吻合处发炎形成肠漏。因为手术前作为割阑尾对待没有做好彻底的胃灌肠，还有食物存在肠胃中容易引起肠吻合处感染。手术后，经过几个波折，一是发烧，外面的刀口发现局部感染，医生在刀口插入两个皮管向外引流。二是并发心脏病，医生诊断是心肌梗塞。术后一个月内，据说是令人忧虑的，由于医院加强护理，周总理亲切关怀，仲弘自己意志坚定的力量，一个又一个的难关总算闯过来了，现在刀口已经愈合，心脏病已经平复。从上星期四开始，到日坛医院去做放射线治疗，到今天，已经做了六次，星期日休息停做。这几天还没有什么不良的反应，只怕以后放射线累积到一定剂量时，可能会出现恶心欲呕的反应。预计放射线治疗要做到四月中才告结束。手术后，医生没有告诉他真实的病情，直到上星期（三月三日）才跟他讲明是癌症，同时也全面介绍了采取的治疗措施。有癌症病变的部分已切除干净。手术后化学治疗立即跟了上去，把一种抗癌的五氟尿嘧啶在输液时输入了血管，在他不知不觉中已经完成了化学治疗的全部疗程。现在采取的放射线治疗是为了制止癌细胞扩散或转移。你二哥听了医生的介绍，泰然自若，他说，癌症也没有什么要紧，何况已经拿掉了。要是再长出来，再开刀，有什么可怕的。医生护士都说他满不在乎，很乐观。刚开过刀，他的体重掉到七十公斤（穿着棉衣称的），现在体重又长上去了，不穿衣服过秤已是七十四公斤，这两百天中恢复很快。目前情况好转，我才有平静的心情写信告诉你们。

你二哥哥进院开刀的那天，小丹正好度探亲假，在家才过了五天，他跟我一起经历了这场忧患。以后，昊苏、珊珊得到我发出的电报，也都赶回家来，在家呆了十天，小丹的探亲假是二十天，这样我们娘儿四个团聚过了一个最不愉快的春节，那时你二哥的病情还没有脱离危险期。小羊和家里没有通讯联系，当时也无法通知他。现在他爸爸的情况已经好转，更用不着通知他了，我不愿意儿

1971年陈重坤（左一）探视陈毅

女们为家事受累，影响他们的工作和学习，可以让他们按照规定的假期返回各自工作和学习的岗位。我差不多每周给他们写一封信函告他们父亲的医疗情况。即祝你俩身体健康。

张茜

一九七一年三月十一日

致陈昊苏（摘录）

昊苏：

有半个月没写信给你们了。这段时间里，你爸爸的情况很好。从三月四日（星期四）开始做放射治疗，俗称烤电。头两周是每天照射，仅星期日休息，吴院长说，这是第一个疗程，时间紧凑，剂量大，是集中兵力的一个猛烈的突击，是最关紧要的一着。一般病人往往耐受不了，而你爸爸却若无其事，不但吃得睡得，体重继续上长，而且日渐步履矫健，行动自如。肿瘤医院的吴院长和唐医生都感到非常满意。从第三周起，按星期一、三、五照射，隔一天一次，有间歇休息的时间，是更好受一些。上星期五，由陆主任亲自陪同到肿瘤医院，给你爸爸做了肝扫描检查，现在全国只此一家有这项设备。从正位和侧位所做两幅肝扫描的图形看来，肝脏正常，胆略大一点。陆主任已告你爸爸在手术时，他就摸到胆内有两块结石。但内外科医生都说，许多人生有胆结石，只要不发炎，没有恶性病变，可以几十年平安无事，他们还列举张云逸等人为例，尽管带着很大的胆结石，危害不大。三〇一医院已确定往常的体检制度，今后要半年做一次肝扫描，半月验血一次，密切注意有无病变的发生。三〇一医院还请中医研究院的医生来会诊过，决定让你爸爸服用抗癌中草药。这样中西医结合，外照放射线，内服中药，全面的综合治疗应该说为战胜癌症创造了一切有利的条件。所以你们尽可放心，不用挂念。

你爸爸的体重长到75公斤出了头，就是说不足两个月时间已回复到手术前的水平，医生都感到惊异，而且认为有必要采取节制饮食的措施，制止体重上长，以免增加心脏的负担。近来，我们家里已停止给他送食物了。你看，旧的矛盾解决了，又出现了新的矛盾。但这是好现象。

你爸爸的情况一天天好起来吗，我的心情也轻松了，最近我又开始认真读书……

母字

一九七一年三月二十四日

致陈昊苏（摘录）

昊苏：

　　最近的那封来信收到了。我这半个月，左眼和鼻梁上生疱疹，不能带眼镜，看书受影响，而且经常去医院治疗，学习又给耽搁了。不过，经过一段读书，有机会放开书本，脑子里回想思索一番，这也是必要的，这也就是消化咀嚼的过程。这两天，疱疹已经结痂，再过几天就会脱痂复原，那时，我准备把我的学习体会跟你们详谈。

　　你爸爸放射治疗已经结束。医生给他进行了一次钡餐检查，就是吃白粉透视，胃肠全部透视拍片，根据检查结果，医生认为情况很好。为了保险，防止癌细胞流窜潜伏，还要进行一次化学治疗，即注射五氟尿嘧啶。准备注射廿次。如果反应不大，即隔一天注射一次。大约四十天，一个疗程。医生说，癌症在手术后，若一年不复犯，那就可保四五年没有问题。所以今年内都得密切注视，经常检查……

我要去邮局给小丹寄书，顺便发出这封信，写得急忙草率。下次再谈。

母字

一九七一年四月十七日

10

致陈昊苏（摘录）

昊苏：

今天是星期日，日历页上的红字写明五月廿三日，我蓦然想起你的生日就要到了，急忙给你写封信表示一下。就在十八日，我给你寄了两本书、照片和信件的那天，我还完全没有想起你的生日。这几天，我倒是在屈指计算，你是否收到了我邮寄的那个包裹，我哪一天可以收到你的回信……

你爸爸还在做化学治疗，在注射五氟尿嘧啶期间，经常验血，发现白血球减少，低于正常量的最低限额时，就要注射维他命B4，以提高白血球数量。上星期，验血结果，他的白血球是减少很多，药物反应还是有的，不过他自己没有什么感觉，吃饭味口都没有受影响，医生护士对这一条感到非常满意。你爸爸从一号病床搬到五号病床了，五号病室在南楼走廊的尽头，离护士值班的地方最远。一号病室让给张云逸同志住了。张老是从广州从化因病情危急连夜用飞机送回北京住院。张老年近八十，这次发病症状是脑血管痉挛，头痛，血压高到二百以上，神志昏迷，为了加强护理进行各种急救措施，让张老住进一床病室。张老的儿子和儿媳、孙儿女都守候在病榻前，这两天，张老病情有些缓和，仍然卧床，不能行动。张老的儿子也已年近四十，我解放以后没有见过他，所以印象中还是黄花塘时的小孩，廿多年一晃，小张的两鬓也染上白发了。

陈修和转来陈孟熙的一封信，陈孟熙也因为血压高，中风而瘫痪，经过救治，现在右手勉强能握笔，写了一封信来，字迹歪歪斜斜。他过去能写一手好字，此后势难恢复了。

上星期，张姑婆的母亲又摔了一跤，也是因为高血压造成瘫痪，卧床不起了。

老年人一个一个为病痛折磨，在死亡线上挣扎。我想趁着自己活力还没有消磨掉的时候努力做些事情啊！我最近的心情就是这样。

母字

一九七一年五月二十三日

11

致王少艾和陈重坤（摘录）

少艾、重坤：

首先，告诉你们一个好消息：小羊回家来探家了。他是六月九日到家的，在离别三年零两个月之后，他又回到我们的故居，同我们两老相聚，这是多大的幸福啊！小羊随身带回三张五好战士的喜报，他到部队后，一九六八、六九、七〇连续三年被评为五好战士，因为和家里不通音讯，三年的喜报都未能寄回家来，这次由他亲手交给我们，让我们特别高兴。周总理、邓大姐①知道小羊回来了，特别约我和小羊去他们家里相见。周总理和邓大姐亲切地询问小羊三年多的情况。蔡大姐②也专门来我们的住处找小羊谈她外孙的事情，另外还有一些同志也来访问。小羊回家后，给兄妹三个去信，小丹和珊珊得到领导上照顾，给了三四天假期赶回家来，因此我们得以团聚几日。惟独小伢在南京回不来，所以

① 邓大姐：系邓颖超。
② 蔡大姐：系蔡畅。

仍然是美中不足缺少一个。我抓住机会拍了一些照片，自己冲洗放大。重坤在此曾经看到过我搞照片的辛苦，你可以想见我这一阵子的紧张和忙碌。

小侉回不来，小羊只得去南京探望他哥哥。小羊于六月廿四日启程去南京月底一定要赶回来，七月五日，他一定得归队。屈指计算，一个月的探亲假所剩不多了。本来我也想过，让小羊绕道连云港来看看你们，但时间急促，安排不上留待下次实现这一愿望吧！

重坤在京时，我向领导上提出的一些问题，已逐一获得解决。从有关方面调来了一名男护士，现伴随你二哥住在医院，这是一个廿来岁的青年战士，刚刚提干，工作热情很高。另外，从外交部找到一个职工家属，三十来岁的一个女同志替我们照料家务，补上了刘妈走后留下多年的空缺。原来的工作人员统由外交部分配新的工作，采取分批调动的方式，官秘书和石秘书先走，老李、老魏、老杜等人在下一批走。在人员调整之际，搞鉴定开会，事情很多。

即祝健康。

张茜

一九七一年六月二十八日于北京

少艾、重坤：首先，告诉你们一个好消息：小羊回家来探家了。他是六月九日到家的，在离别三年零两个月之后，他又回到我们的故居，同我们两老相聚，这是多大的幸福啊！小羊随身带回三张五好战士的喜报，他到部队后，一九六八、六九、七〇连续三年被评为五好战士，因为和家里不通音讯，三年的喜报都未能寄回家来，这次由他亲手交给我们，让我们特别高兴。周总理和邓大姐知道小羊回来了，特别约我和小羊去他们家里相见。周总理和邓大姐亲切地

张茜致王少艾和陈重坤的信（手稿节选）

143

12

致王少艾和陈重坤（摘录）

少艾、重坤：

我们已于九月九日，从北戴河回来，结束了海滨疗养的暑期生活。珊珊早几天离开北戴河，九月三日清晨乘火车，经北京停留一晚，翌日乘火车回邯郸去了。珊珊临行前一天，九月二日，就是阴历七月十三日，是你二哥的七十诞辰，她凑紧时间，和我们共同度过了这一天才走的。阴历七月十三日，我安排了一个小小的家庭式的庆贺活动，邀请聂总①夫妇来吃了一顿晚饭，因为我们两家比邻而居，相处月余，互得照顾之便，我也准备了一点蛋糕、糖果、八宝饭之类，招待两家的工作人员。而最难得的，是这天我抓住机会拍了一卷照片，冲洗出来了，都还照得不错，聂总特别满意，表示感谢，我把这些照片放大送给他们，可算是宝贵的纪念品。珊珊的生日是阳历八月十五日，今年也能在一起度

---

① 聂总：系聂荣臻。

过，由珊珊请大家吃冰淇淋，表示祝贺。昊苏也请了三天假到北戴河，连上星期六晚上和星期日，一共跟我们度过了五昼夜。这个夏天，我们是过得最热闹、最幸福的了。这里寄上两张照片给你们，这是这一段生活的留影。

你二哥在海滨继续作化学治疗，五氟尿嘧啶和A一二九两种药交错使用，一周作六次注射和输液，仅星期日休息一天，每天验耳血，观察血象。他对药物的反应没有什么不适的感觉，胃口不受影响，吃东西津津有味。从血象看，还是有反应的，主要是白血球和血小板降低，当血小板降低到八万以下时，医生就决定停止化疗。他们认为用药的剂量已经够了。与化疗同时，还口服抗癌药物"喜二片"，服药的反应是乳房胀痛，尿中有红血球。当这种反应十分显著时，也就停止服用此药。我们回北京后，仲弘去三〇一医院作了一次全面检查，主要是肺部拍照，三〇一医院和肿瘤医院双方商定，还要给他作一个疗程的放射治疗，预定每周照射三次，连续照七周。中间如反应大，病人体力耐受不了，还要把间隔时间拉长。按这一计划，今年剩下的时间大概全部花在烤电上了。你二哥说，他身上真是百孔千疮，此话不假。幸好他的精神并不沮丧，知足常乐。昨天（九月十七日星期五）开始了这一疗程，作了第一次照射。以后如无特别情由，就是每周星期一、三、五去肿瘤医院作放疗。

我从北戴河回来，就忙着安排搬家之事，十分零乱。俟搬迁定了，我当写信告诉你们新的住址，以后你们来京探望就比较方便了。

祝你们健康。

张茜

一九七一年九月十八日

附言：

　　小羊探亲回部队后，参加了部队所在地区的抗洪抢险斗争，荣获三等功，寄回一张喜报，又及。

遊去解決了、

戒烟三年已完全解決了、炉的

西、遠遠到临淮向看渡河渡船、

有列各種兵器联合作战、又看到

凱百五十名傘兵降落确為奇

觀脂眼四面東遠日宝外遠百、八

度宝内年近百庭十多处然、异且间

洋熄、联澤在单之池主去生。

附录一

诗话亲情

陈毅写给张茜及子女的诗

无题

春光照眼意如痴，愧我江南统锐师。

豪情廿载今何在？输与红芳不自知。

　　陈毅与张茜在烽火连天的抗日战争时期相逢相识、相爱相许。最初张茜觉得他们两人在革命经历上存在较大差距，不适合成为人生伴侣。然而经历过一段共同的战斗，她对陈毅的了解不断加深，两人的距离也不断拉近，最终成为夫妻。此诗是1939年3月陈毅赠予张茜的爱情小诗。

寄内诗二首

（一）

足音常在耳间鸣，一路风波梦不成。

漏尽四更天未晓，月明知我此时情。

（二）

地冻天寒西北行，山川遥共客心深。

最是荒村风雪夜，思君吟咏到天明。

　　在战争的环境下，陈毅、张茜婚后经常人各一方，异地而居、聚少离多。在分离的时候，他们会用诗词寄托自己的相思。《寄内》之一作于1941年1月。张茜正参加苏中地区的反"扫荡"作战，即将返回新四军军部。《寄内》之二作于1944年2月，陈毅前往延安途中，穿过敌人封锁线，写诗表达对留在华中的妻子的思念。

示丹淮，并告昊苏、小鲁、小珊

一九六一年七月，小丹远行就学，余适因公南行，匆匆言别，不及细谈。写诗送行，情见于辞，不尽依依。望牢牢紧记，并告诸儿女。

（一）

小丹赴东北，升学入军工。

写诗送汝行，永远记心中。

汝是党之子，革命是吾风。

汝是无产者，勤俭是吾宗。

汝要学马列，政治多用功。

汝要学技术，专业应精通。

勿学纨绔儿，变成百痴聋。

少年当切戒，阿飞客里空。

身体要健壮，品德重谦恭。

工作与学习，善始而善终。

人民培养汝，报答立事功。

祖国如有难，汝应作前锋。

试看大风雪，独立有青松。

又看耐严寒，篱边长忍冬。

千锤百炼后，方见思想红。

（二）

深夜拂纸笔，灯下细沉吟。

再写几行诗，略表父子情。

儿去靠学校，照顾胜家庭。

儿去靠组织，培养汝成人。

样样均放心，为何再叮咛？

只为儿年幼，事理尚不明。

应知天地宽，何处无风云？

应知山水远，到处有不平。

应知学问难，在乎点滴勤。

尤其难上难，锻炼品德纯。

人民培养汝，一切为人民。

革命重坚定，永作座右铭。

1961年7月，陈毅次子丹淮升学哈尔滨军事工程学院。陈毅写诗二首，为儿子送行。诗中对儿女们寄予殷切的期望，勉励他们继承革命传统、坚持德智体全面发展，始终不渝为人民服务，成为党的事业的坚强战士。

张茜写给陈毅及子女的诗

寄怀

鸣声凄凄孤蝉哀，情思郁郁人伤怀。

行云慵步回苍穹，游子久留羁旅中。

空向行云凝眸处，望穿秋水人不至。

几番报归盼欢聚，几番又传归期误。

归期误，一别春夏已两度，幼儿长成双询父。

《寄怀》为张茜于1945年秋所作。其时抗战已经胜利，陈毅从延安东返，接到中央指示转赴山东战场指挥作战，留在华中的张茜闻讯作诗以寄怀。

送珊珊出国

丹淮昔离家，父写送行诗。

儿今出国去，父丧母孤凄。

临别意怆恻，翻检父遗篇。

与儿共吟诵，追思起联绵。

汝父叮咛语，句句是真知。

情义最深沉，尽述平生志。

父年十八岁，漂泊赴异域。

志在强中华，勤工俭学去。

求学愿难遂，谋生历苦辛。

惴惴忧国运，愤愤嫉世情。

斗争为群益，干犯当政者。

反抗遭迫害，中道返回国。

一旦真觉悟，入党意志坚。

从不畏艰险，革命五十年。

冀将不平除，奋斗入红军。

南征复北战，沙场炼真金。

井冈旧山川，淮海新日月。

受命不懈怠，艰难创大业。

全国庆解放，建设工作勤。

外交负重任，国际访问频。

关山千万重，送往迎来人。

横槊之游草，随处发歌吟。

坦荡之胸襟，为人重刚直。

真知与灼见，一吐无嫌忌。

平生宣马列，口播并笔耕。

真理唯坚守，政策能阐明。

知错能改正，从善如水流。

责己以奉公，甘为孺子牛。

平生重团结，气度同广宇。

恩怨非所计，牺牲全大局。

工作是第一，休息乃其次。

服务为人民，直到病危时。

劳绩长不没，遗爱在人间。

文稿盈数尺，诗词三百篇。

名标丹青史，诗传千百春。

遗风留天地，化育后来人。

父丧永默默，诗教仍旦旦。

寥寥虽数言，根源于实践。

写诗送儿行，吟罢泪涟涟。

汝父平生事，愿儿记心间。

陈毅元帅去世后不久，张茜被查出身患癌症。她在动大手术之前，为送女儿珊珊出国留学写了这篇送别诗。诗中对陈毅元帅的革命生平作了深情回顾，借以勉励女儿以父亲为榜样，努力学习，报效祖国。张茜的这篇送别诗，实际上也是她最后完成《陈毅诗词选集》编辑工作的开始曲。

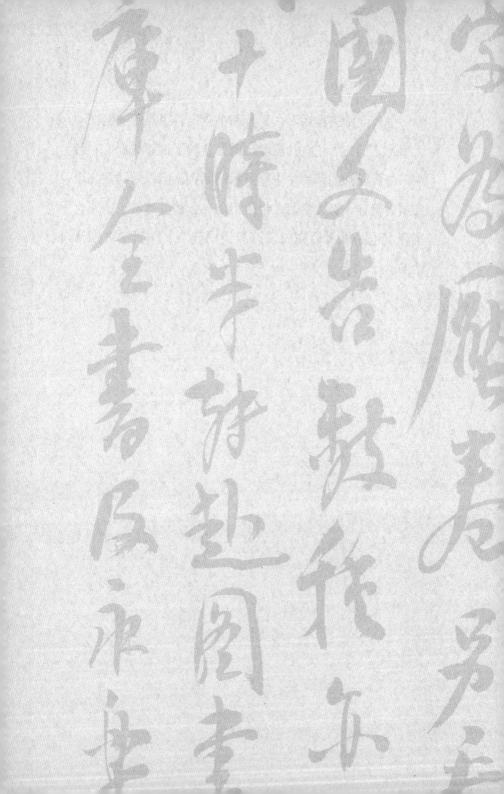

陈毅、张茜生平

陈毅生平

陈毅生于1901年8月26日，字仲弘，四川乐至人。

1916年考入四川省立第一甲种工业学校就读。1919年赴法国勤工俭学。1921年因参加学生爱国运动，被中法政府联合派人押送回国。1922年加入中国社会主义青年团。1923年加入中国共产党。以后在北方从事革命工作。1927年在武汉中央军校担任该校中共委员会书记。1927年南昌起义后，陈毅随起义部队南下。后与朱德一起率部上井冈山，与毛泽东率领的秋收起义部队会师，建立红军武装第四军。

土地革命战争时期，陈毅历任南昌起义部队二十五师七十三团党代表，工农革命军第一师党代表，中国工农红军第四军十二师师长、党代表，红四军政治部主任、军委书记，红六军、红三军政治委员，红二十二军军长，中共赣西南特委书记，江西军区总指挥兼政治委员，西方军总指挥，中华苏维埃共和国中央政府办事处主任。红军长征后，留在江西苏区，领导了南方三年游击战争。

全民族抗日战争时期，陈毅任新四军第一支队司令员，江南指挥部、苏北指挥部指挥，新四军代军长、军长。

解放战争时期，陈毅历任山东军区司令员，华东军区司令员，华东野战军司令员兼政治委员，中原军区和中原野战军副司令员，第三野战军司令员兼政治委员。

新中国成立后，陈毅任华东军区司令员兼上海市市长，中央人民政府人民革命军事委员会副主席。1954年任国务院副总理。1955年被授予元帅军衔，获一级八一勋章、一级独立自由勋章和一级解放勋章。1958年兼任外交部部长。还曾任国务院外事办主任，外交学院院长，中国人民外交学会名誉会长，中共中央军委副主席，第一至第三届国防委员会副主席，全国政协第三、第四届副主席。是中共第七、第八、第九届中央委员，第八届中央政治局委员。1972年1月6日在北京逝世，享年71岁。

张茜生平

张茜生于1922年6月11日，湖北省武汉市人，原名掌珠，小字春兰。

1937年全民族抗日战争爆发后，经过八路军驻武汉办事处的介绍，奔赴南昌参加新四军。1938年春至1939年冬，在皖南新四军军部战地服务团工作，是演剧队和歌咏小组的成员。

1940年1月，加入中国共产党，接着被调到新四军江南指挥部政治部任宣传干事。同年在苏南茅山根据地的水西村与陈毅同志结婚。

1941年1月，先在抗日军政大学华中分校任宣传干事，又调华中党校学习，后在新四军卫生部任政治指导员。1945年1月，被调到华中建设大学财经系任宣传干事。

1945年，任山东野战军直属队副协理员。1948年夏渡海南下到中原前线，曾任白求恩医学院宣教科副科长。

新中国成立之初，任上海俄文专科学校宣教股长，后离职到北京俄文专科学校学习。1953年夏，在上海新文艺出版社担任编辑。1955年春至1957年冬，先后在北京人民文学出版社和对外文化联络委员会担任编译工作。

1954年冬，随着陈毅调到北京，张茜的工作也逐步转到外交方面。1955年11月，随中国妇女代表团访问巴基斯坦，以后十年中，多次随刘少奇主席、周恩来总理和陈毅同志出访亚欧国家。1966年冬，率中国人民友好代表团访问柬埔寨。曾担任国务院外事办公室亚非拉组副组长和中柬友协副会长。

1957年9月，出席全国妇女第三次代表大会，并当选全国妇联第三届执委会会员。1964年10月，当选第三届全国人民代表大会代表。

1966年"文化大革命"开始时，参加外事政治部工作组到外文印刷厂工作。

1972年1月，陈毅元帅逝世，张茜也发现身患肺癌，于3月17日动了手术。其生命的余年全部用来整理陈毅的诗词和文稿，于1973年春基本上完成了陈毅诗词选集的整理编撰工作。在病中，张茜被任命为军事科学院某部副部长。

1974年3月20日，张茜在北京逝世，享年52岁。

又嘗現肝內有　肝蛭吸
□□不治療目前以開刀大
先生多有演化為甚□□為病
肝瘤云云，從自志為人□□
□□與此作決心治療□

附录三

家书抵万金

陈昊苏

在不同的时代，家书的内容及
意义是不一样的

我的父亲写过很多家书，但是保存下来的没有那么多。战争的环境、年代的久远都会带来一些损失，能够把现存的家书收集起来加以整理编订，我觉得是挺有意义的一件事情。

1937年年底，全面抗战已经开始了，红军三年游击战争结束了，我的父亲在南方坚持斗争，这时也告了一段落，当时国共两党开始合作，投入抗日战争。在这时候，他在南昌给在四川的家人写了一封信。

这是他经历了一场非常严酷的战争考验之后再给家人写信。他那个时候的情感很有意思，他在家书里面说了自己在国家危亡关头为人民的解放事业奋斗的经历。艰难困厄，日夜围攻，各种各样的困难不停地来折磨着自己，毒手尊拳，谁能多让。虽然遭到敌人的毒手打击，他也不能够退让。

而在抗日战争以及解放战争时期，他又写了一些家书，其中有一封概述了解放战争第一年到第二年一些斗争的趋势，也提到这一年多走了很多的地方，从中央调他到陕北参加中央的会议等，经过好几个根据地和解放区，他都记录下来了。他在家书中感慨斗争当中经历的磨难，包括挫折和失败，但是他说"现在可以肯定说我们迅速可以看见全国革命的胜利了"。他是战争的参与者，是一个战略区的指挥员，他记录下来我军从奋斗走向胜利，从挫折中走出困境，迎来大发展的局面，并生发许多感触，这些都是很有意义的。

新中国成立以后，他到北京工作，也给四川亲友写过好多信，这些信里很多都是说新中国成立了，时代不一样了，我们所有的人都要努力地工作，为国家的发展贡献自己的力量，讲了很多这样的话。

作为子女，我们也收到他的一些信，最主要的内容当然就是说要我们好好学习，要成为一个有用的人。他始终放不下的，就是牵挂着我们兄妹能不能成为对国家、对人民有益的人，我觉得这些也是很重要的。

所有的这些家书构成了这本书的主要内容，这些家书还有一个特点——很平实。比如说到外面出差半年了，给家里人写封信，当然首先要报平安，还要关心家里面的人是不是都安好等等。他的信也一样。除了有作为一个革命家，对形势的发展、战争的走向等等的记录，这些信中也有很多和普通人一样的对于亲人的关怀以及见闻的讲述，我觉得意义是双重的。

手机微信扫一扫
即可观看视频

陈丹淮

家书不仅是父亲历史轨迹的记载，
也是他感情的流露

我父亲写过很多的家书，除了给我的我看到了，其他的我们当时都没看到，因为是我父亲写给别人的，就寄到别人的手里了，所以我们并不知道这些家书的存在。后来我们把这些家书收集起来，我看了以后感触很深。

主要有两点感触。第一，实际上相当的一部分家书是我父亲的历史轨迹的记载。比如说在抗战的时候，他给他的嫂子，也就是我们的大伯母写过一封信，讲述了他在抗战开始、红军长征之后为筹建新四军而奔波的过程。在这个过程中，我的大伯陈孟熙去找过他，几经周折，最后他们是在景德镇的瑶里见面了。这点也很有意义，因为我们孟熙大伯当时是国民党的少将，而我父亲是共产党，但是他们为了抗战、为了抗击日本侵略者，国共合作、兄弟同心共同抗日。这应该是中国历史上一个特别的时期，是非常艰苦的斗争时期，也是他们两个人一个特别的时期，所以我觉得这是一种记录。

第二，这些家书就是我父亲的一种感情的流露，记着他对于家庭的感情。我父亲是一个革命者，但是我认为他有很多传统的思想。所谓传统的思想，就是对于家庭，对于父母，对于他的兄弟，他都有深挚的感情。比如出于战争的缘故，他在前方，母亲在后方，经常是匆匆地利用开会或其他机会到后方见一面，然后又分开，所以他对我母亲说"不愿再分离了"。我觉得像我父亲这样来表达自己的感情，在我们党内还是比较少见的。

他的诗词里头有很多情诗。我把它们叫情诗，因为这些是他追求我母亲时写的诗以及他在新婚时写的诗，他在这些诗中总会不由自主地流露出一些他文艺上的浪漫气息。

他也时常挂念我们，他给我母亲写的信，最后总是要有一句"怎么样"：问昊苏、我怎么样，有了小鲁以后就是问三个孩子怎么样。我们小的时候他是记挂我们，等我们长大了就是教育我们了。

我到军工①去上学，他给我写了一首诗。他这首诗实际上最关键的一条是：你是共产党的儿子，你是

① 军工，指中国人民解放军军事工程学院，因校址在哈尔滨，通称哈尔滨军事工程学院，简称"哈军工"。

中国人的儿子，你就必须对革命要忠诚，你要为国家做贡献，这是最重要的、第一位的东西。

新中国成立，成长在红旗下，我记得父亲对我们的教育有这么一条：不管怎么说，你要忠诚于我们共产党，要忠诚于我们的国家。而且他的"红专论"让我们印象很深刻。所谓的红，就是你一定要是中国人，你是共产党人，你的政治目标是社会主义，这是不容置疑的。第二是要专，干什么就要专什么。干工科、理工科的，就好好去搞科学技术。如果是搞文化的，就好好地去写文章、研究理论。所以我们按照他的要求、按照共产党的标准来做，按照先锋队的责任要求来做。

手机微信扫一扫
即可观看视频

陈珊珊

家书不仅仅是家书，也是家训

我父亲写了一些家书，其中给我印象很深的是：我1969年入党以后给家里写了封信报喜，后来是我母亲回的信。那个时候我们的家书基本上是我母亲手写的，但是我父亲会加一点批注或者他的一些话。在这封信中我的母亲告诉我：你父亲听说你入党了特别高兴，他说我们全家现在都是布尔什维克了。这句话我印象特别深，我体会到我父亲心里头对党的感情是很坚定的。

我父亲亲笔写的让我印象深刻的家书，是在我二哥陈丹淮考上了哈尔滨军事工程学院时，他给二哥写的一首诗，那也是我最喜欢的一首诗。当时我二哥第一次离开家，第一次走进大学、走上了社会。这实际上是另外一种形式的家书，也是我们的家训，完全是父亲对我们这些子女的期望。

从我内心来讲，我总觉得我跟我父亲走的是同一条路。他是1923年入党，我是1969年入党的，但是我确实是从内心把他作为一个榜样，觉得应该像他那样从军，应该像他那样学习，应该像他那样去从事外交工作，这是非常明确的。

我父亲去得很早，我有时候觉得我应该为着我父亲而活着，我要把他这条路再走下去，像他那样的忠于国家、为人民服务。他的一生就是打江山、搞社会主义建设。今年是党的百年华诞，现在的中国与那时完全不能同日而语了。如今国家非常强大，很多方面做得很好，所以我自己觉得很荣幸我能跟我父亲走一样的路，当然我的贡献是很小的，但是总觉得我还是遵循着他的那条路在往下走。

手机微信扫一扫
即可观看视频